FABLES

CHOISIES.

TOME SECOND.

FABLES

CHOISIES,

MISES EN VERS

PAR J. DE LA FONTAINE.

TOME SECOND.

A PARIS,

Chez { DESAINT & SAILLANT, rue Saint Jean de Beauvais.
{ DURAND, rue du Foin, en entrant par la rue S. Jacques.

M. DCC. LV.

De l'Imprimerie de *CHARLES-ANTOINE JOMBERT.*

TABLE

j

DES FABLES

CONTENUES DANS LE SECOND VOLUME.

LIVRE QUATRIÉME.

LIVRE CINQUIÉME.

a

LIVRE SIXIÉME.

FIN DE LA TABLE DU SECOND VOLUME.

FABLES

LE LION AMOUREUX. A MADEMOISELLE DE SEVIGNE. Fable LXI. 2.ᵉ planche.

J.B. Oudry inv.

P.F.Tardieu sculp.

LE LION AMOUREUX, A MADEMOISELLE DE SEVIGNÉ. Fable LXI.

J.B. Oudry inv.

J. Ouvrier sculp.

FABLES CHOISIES.

LIVRE QUATRIÉME.

FABLE I.

LE LION AMOUREUX.

A MADEMOISELLE DE SÉVIGNÉ.

Sévigné, de qui les attraits
Servent aux graces de modèle,
Et qui nâquites toute belle,
A votre indifférence près :
Pourriez-vous être favorable
Aux jeux innocens d'une Fable,
Et voir, fans vous épouventer,
Un Lion qu'amour fçut dompter ?
Amour eft un étrange maître.
Heureux qui peut ne le connoître
Que par récit, lui ni fes coups !
Quand on en parle devant vous,
Si la vérité vous offenfe ,
La Fable au moins fe peut fouffrir.
Celle-ci prend bien l'affurance
De venir à vos pieds s'offrir,
Par zéle & par reconnoiffance.

Du tems que les bêtes parloient,
Les Lions entre autres vouloient
Etre admis dans notre alliance.
Pourquoi non ? puifque leur engeance
Valoit la nôtre en ce temps-là,
Ayant courage, intelligence,
Et belle hure, outre cela :
Voici comment il en alla.

Un Lion de haut parentage,
En paffant par un certain pré,
Rencontra Bergere à fon gré.
Il la demande en mariage.
Le pere auroit fort fouhaité
Quelque gendre un peu moins terrible.
La donner lui fembloit bien dur;
La refufer n'étoit pas fûr:
Même un refus eût fait poffible,
Qu'on eût vû quelque beau matin
Un mariage clandeftin.
Car outre qu'en toute maniere
La belle étoit pour les gens fiers,
Fille fe coëffe volontiers
D'amoureux à longue criniere.
Le pere donc ouvertement
N'ofant renvoyer notre amant,
Lui dit : ma fille eft délicate :
Vos griffes la pourront bleffer
Quand vous voudrez la careffer.
Permettez donc qu'à chaque patte
On vous les rogne ; & pour les dents,
Qu'on vous les lime en même temps :
Vos baifers en feront moins rudes,
Et pour vous plus délicieux ;
Car ma fille y répondra mieux
Étant fans ces inquiétudes.
Le Lion confent à cela,
Tant fon ame étoit aveuglée.
Sans dents ni griffes, le voilà
Comme place démantelée.
On lâcha fur lui quelques chiens :
Il fit fort peu de réfiftance.

Amour, amour, quand tu nous tiens,
On peut bien dire : adieu prudence.

(*Fable LXI.*)

LE BERGER ET LA MER. Fable LXII.

FABLE II.

LE BERGER ET LA MER.

Du rapport d'un troupeau, dont il vivoit fans foins,
Se contenta long-tems un voifin d'Amphitrite :
   Si fa fortune étoit petite,
   Elle étoit fûre tout au moins.
A la fin, les tréfors déchargés fur la plage
Le tenterent fi bien, qu'il vendit fon troupeau,
Trafiqua de l'argent, le mit entier fur l'eau.
   Cet argent périt par naufrage.
Son maître fut réduit à garder les brébis,
Non plus berger en chef, comme il étoit jadis,
Quand fes propres moutons paiffoient fur le rivage.
Celui qui s'étoit vû Coridon ou Tircis,
   Fut Pierrot, & rien davantage.
Au bout de quelque tems il fit quelques profits,
   Racheta des bêtes à laine ;
Et comme un jour les vents retenant leur haleine,
Laiffoient paifiblement aborder les vaiffeaux,
Vous voulez de l'argent, ô mefdames les eaux,
Dit-il ; adreffez-vous, je vous prie, à quelque autre :
   Ma foi, vous n'aurez pas le nôtre.

Ceci n'eft pas un conte à plaifir inventé.
   Je me fers de la vérité,
   Pour montrer par expérience,
   Qu'un fou, quand il eft affuré,
   Vaut mieux que cinq en efpérance ;
Qu'il faut fe contenter de fa condition,
Qu'aux confeils de la mer & de l'ambition

Nous devons fermer les oreilles.
Pour un qui s'en louera , dix mille s'en plaindront.
La mer promet monts & merveilles :
Fiez-vous-y , les vents & les voleurs viendront.

(*Fable LXII.*)

LA MOUCHE ET LA FOURMI. Fable LXII.

J.B. Oudry inv.

Chedel sculp.

FABLE III.

LA MOUCHE ET LA FOURMI.

La Mouche & la Fourmi conteſtoient de leur prix.
O Jupiter, dit la premiere,
Faut-il que l'amour propre aveugle les eſprits
D'une ſi terrible maniere,
Qu'un vil & rampant animal,
A la fille de l'air oſe ſe dire égal ?
Je hante les palais, je m'aſſieds à ta table :
Si l'on t'immole un bœuf, j'en goûte devant toi ;
Pendant que celle-ci, chétive & miſérable,
Vit trois jours d'un fétu qu'elle a traîné chez toi.
Mais, ma mignonne, dites-moi,
Vous campez-vous jamais ſur la tête d'un Roi,
D'un Empereur, ou d'une belle ?
Je le fais ; & je baiſe un beau ſein quand je veux :
Je me joue entre des cheveux :
Je rehauſſe d'un teint la blancheur naturelle ;
Et la derniere main que met à ſa beauté
Une femme allant en conquête,
C'eſt un ajuſtement des mouches emprunté.
Puis, allez-moi rompre la tête
De vos greniers. Avez-vous dit ?
Lui répliqua la ménagere.
Vous hantez les palais : mais on vous y maudit.
Et quant à goûter la premiere
De ce qu'on ſert devant les Dieux,
Croyez-vous qu'il en vaille mieux ?
Si vous entrez par-tout, auſſi font les profânes.
Sur la tête des Rois & ſur celle des ânes
Vous allez vous planter : je n'en diſconviens pas ;
Et je ſçais que d'un prompt trépas

Tome II.   B

Cette importunité bien souvent est punie.
Certain ajustement, dites-vous, rend jolie :
J'en conviens, il est noir ainsi que vous & moi.
Je veux qu'il ait nom mouche ; est-ce un sujet pourquoi
   Vous fassiez sonner vos mérites?
Nomme-t-on pas aussi mouches, les parasites ?
Cessez donc de tenir un langage si vain :
   N'ayez plus ces hautes pensées.
   Les mouches de cour sont chassées :
Les mouchards sont pendus; & vous mourrez de faim,
   De froid, de langueur, de misére,
Quand Phœbus régnera sur un autre hémisphére.
Alors je jouirai du fruit de mes travaux.
   Je n'irai par monts ni par vaux
   M'exposer au vent, à la pluie :
   Je vivrai sans mélancolie :
Le soin que j'aurai pris, de soins m'exemptera.
   Je vous enseignerai par là
Ce que c'est qu'une fausse ou véritable gloire.
Adieu : je perds le tems ; laissez-moi travailler.
   Ni mon grenier, ni mon armoire
   Ne se remplit à babiller.

LE JARDINIER ET SON SEIGNEUR. *Planche 1.* Fable LXIV.

LE JARDINIER ET SON SEIGNEUR. Fable LXIV.

J.B. Oudry inv.

M. Marvie sculp.

FABLE IV.

LE JARDINIER ET SON SEIGNEUR.

Un amateur du jardinage,
Demi-bourgeois, demi-manant,
Poffédoit, en certain village,
Un jardin affez propre, & le clos attenant.
Il avoit de plant vif fermé cette étendue :
Là croiffoit à plaifir l'ofeille & la laitue ;
De quoi faire à Margot pour fa fête un bouquet ;
Peu de jafmin d'Efpagne, & force ferpolet.
Cette félicité par un liévre troublée,
Fit qu'au Seigneur du bourg notre homme fe plaignit.
Ce maudit animal vient prendre fa goulée
Soir & matin, dit-il ; & des piéges fe rit :
Les pierres, les bâtons y perdent leur crédit :
Il eft forcier, je crois. Sorcier ? Je l'en défie,
Repartit le Seigneur. Fut-il diable, Miraut,
En dépit de fes tours, l'attrappera bientôt.
Je vous en déferai, bon homme, fur ma vie.
Et quand ? & dès demain, fans tarder plus long-tems.
La partie ainfi faite, il vient avec fes gens.
Çà déjeunons, dit-il : vos poulets font-ils tendres ?
La fille du logis, qu'on vous voie, approchez.
Quand la marierons-nous ? Quand aurons-nous des gendres ?
Bon homme, c'eft ce coup qu'il faut, vous m'entendez,
        Qu'il faut fouiller à l'efcarcelle.
Difant ces mots, il fait connoiffance avec elle,
        Auprès de lui la fait affeoir,
Prend une main, un bras, leve un coin du mouchoir :
        Toutes fottifes, dont la belle
        Se défend avec grand refpect ;
Tant qu'au pere à la fin cela devient fufpect.

Cependant on fricaſſe , on ſe rue en cuiſine.
De quand ſont vos jambons ? ils ont fort bonne mine.
Monſieur , ils ſont à vous. Vraiment, dit le Seigneur ,
      Je les reçois, & de bon cœur.
Il déjeune très-bien , auſſi fait ſa famille ,
Chiens, chevaux & valets , tous gens bien endentés :
Il commande chez l'hôte , y prend des libertés ,
      Boit ſon vin , careſſe ſa fille.
L'embarras des chaſſeurs ſuccede au déjeuné.
      Chacun s'anime & ſe prépare :
Les trompes & les cors font un tel tintamarre ,
      Que le bon homme eſt étonné.
Le pis fut que l'on mit en piteux équipage
Le pauvre potager : adieu planches, carreaux :
      Adieu chicorée & porreaux :
      Adieu de quoi mettre au potage.
Le liévre étoit gîté deſſous un maître chou.
On le quête , on le lance ; il s'enfuit par un trou ,
Non pas trou, mais trouée , horrible & large plaie
      Que l'on fit à la pauvre haie
Par ordre du Seigneur : car il eût été mal
Qu'on n'eût pû du jardin ſortir tout à cheval.
Le bon homme diſoit : ce font là jeux de Prince.
Mais on le laiſſoit dire ; & les chiens & les gens
Firent plus de dégât en une heure de tems ,
      Que n'en auroient fait en cent ans
      Tous les liévres de la Province.

Petits Princes, vuidez vos débats entre vous :
De recourir aux Rois vous feriez de grands fous.
Il ne les faut jamais engager dans vos guerres ,
      Ni les faire entrer ſur vos terres.

                                     (*Fable LXIV.*)

FABLE V.

L'ÂNE

ET

LE PETIT CHIEN.

FABLE V.

L'Âne et le petit Chien.

Ne forçons point notre talent :
Nous ne ferions rien avec grace.
Jamais un lourdaud, quoiqu'il faſſe,
Ne ſçauroit paſſer pour galant.
Peu de gens que le ciel chérit & gratifie,
Ont le don d'agréer infus avec la vie.
C'eſt un point qu'il leur faut laiſſer ;
Et ne pas reſſembler à l'Ane de la Fable,
Qui pour ſe rendre plus aimable
Et plus cher à ſon Maître, alla le careſſer.
Comment, diſoit-il en ſon ame,
Ce Chien, parce qu'il eſt mignon,
Vivra de pair à compagnon
Avec Monſieur, avec Madame ;
Et j'aurai des coups de bâton ?
Que fait-il ? il donne la patte,
Puis auſſi-tôt il eſt baiſé :
S'il en faut faire autant afin que l'on me flatte,
Cela n'eſt pas bien mal-aiſé.
Dans cette admirable penſée,
Voyant ſon Maître en joie, il s'en vient lourdement,
Leve une corne toute uſée,
La lui porte au menton fort amoureuſement,
Non ſans accompagner, pour plus grand ornement,
De ſon chant gracieux cette action hardie.
Oh, oh ! quelle careſſe, & quelle mélodie !
Dit le Maître auſſi-tôt. Holà, Martin-bâton.
Martin-bâton accourt ; l'Ane change de ton.
Ainſi finit la Comédie.

(*Fable LXV.*)

L'ANE ET LE PETIT CHIEN. Fable LXV.

LE COMBAT DES RATS ET DES BELETTES. Fable LXVI.

FABLE VI.

Le combat des Rats et des Belettes.

La nation des Belettes,
Non plus que celle des Chats,
Ne veut aucun bien aux Rats:
Et fans les portes étroites
De leurs habitations,
L'animal à longue échine
En feroit, je m'imagine,
De grandes deftructions.
Or une certaine année
Qu'il en étoit à foifon;
Leur roi, nommé Ratapon,
Mit en campagne une armée.
Les Belettes, de leur part,
Déployerent l'étendard.
Si l'on croit la renommée,
La victoire balança.
Plus d'un guéret s'engraiffa
Du fang de plus d'une bande.
Mais la perte la plus grande
Tomba prefque en tous endroits
Sur le peuple Souriquois.
Sa déroute fut entiere:
Quoique pût faire Artarpax,
Pficarpax, Meridarpax,
Qui, tout couverts de poufliére,
Soutinrent affez long-temps
Les efforts des combattans.
Leur réfiftance fut vaine;
Il fallut céder au fort:
Chacun s'enfuit au plus fort,

Tant foldats, que capitaine.
Les Princes périrent tous.
La racaille dans des trous,
Trouvant fa retraite prête,
Se fauva fans grand travail.
Mais les Seigneurs, fur leur tête
Ayant chacun un plumail,
Des cornes, ou des aigrettes,
Soit comme marques d'honneur,
Soit afin que les Belettes
En conçûſſent plus de peur,
Cela cauſa leur malheur.
Trou, ni fente, ni crevaſſe
Ne fut large aſſez pour eux:
Au lieu que la populace
Entroit dans les moindres creux.
La principale jonchée
Fut donc des principaux Rats.

Une tête empanachée
N'eſt pas petit embarras.
Le trop ſuperbe équipage
Peut ſouvent en un paſſage
Cauſer du retardement.
Les petits en toute affaire
Eſquivent fort aiſément:
Les grands ne le peuvent faire.

(*Fable LXVI.*)

LE SINGE ET LE DAUPHIN. Fable LXVII.

FABLE VII.

LE SINGE ET LE DAUPHIN.

C'étoit chez les Grecs un ufage
Que fur la mer tous voyageurs
Menoient avec eux en voyage
Singes & chiens de bâteleurs.
Un navire en cet équipage
Non loin d'Athenes fit nauffrage.
Sans les Dauphins tout eût péri.
Cet animal eft fort ami
De notre efpece: en fon hiftoire,
Pline le dit, il le faut croire.
Il fauva donc tout ce qu'il put.
Même un Singe en cette occurrence,
Profitant de la reffemblance,
Lui penfa devoir fon falut.
Un Dauphin le prit pour un homme,
Et fur fon dos le fit affeoir
Si gravement, qu'on eût cru voir
Ce chanteur que tant on renomme.
Le Dauphin l'alloit mettre à bord,
Quand, par hazard il lui demande:
Êtes-vous d'Athenes la grande?
Oui, dit l'autre, on m'y connoît fort;
S'il vous y furvient quelque affaire,
Employez-moi; car mes parens
Y tiennent tous les premiers rangs:
Un mien coufin eft Juge-Maire.
Le Dauphin dit, bien grand-merci,
Et le Pirée, a part auffi
A l'honneur de votre préfence?
Vous le voyez fouvent je penfe?

Tous les jours : il eſt mon ami,
C'eſt une vieille connoiſſance.
Notre Magot prit pour ce coup
Le nom d'un port pour un nom d'homme.

De telles gens il eſt beaucoup,
Qui prendroient Vaugirard pour Rome;
Et qui, caquetans au plus dru,
Parlent de tout, & n'ont rien vû.

Le Dauphin rit, tourne la tête;
Et le Magot conſideré,
Il s'apperçoit qu'il n'a tiré
Du fond des eaux rien qu'une bête.
Il l'y replonge, & va trouver
Quelque homme afin de le ſauver.

(*Fable LXVII.*)

FABLE VIII.

L'HOMME

ET

L'IDOLE DE BOIS.

FABLE VIII.

L'HOMME ET L'IDOLE DE BOIS.

Certain Payen chez lui gardoit un Dieu de bois,
De ces Dieux qui font fourds, bien qu'ayant des oreilles.
Le Payen cependant s'en promettoit merveilles.
      Il lui coûtoit autant que trois.
      Ce n'étoit que vœux & qu'offrandes,
Sacrifices de bœufs couronnés de guirlandes.
      Jamais Idole, quel qu'il fût,
      N'avoit eu cuifine fi graffe,
Sans que pour tout ce culte à fon hôte il échût
Succeffion, tréfor, gain au jeu, nulle grace.
Bien plus, fi pour un fol d'orage en quelque endroit
      S'amaffoit d'une ou d'autre forte,
L'Homme en avoit fa part, & fa bourfe en fouffroit.
La pitance du Dieu n'en étoit pas moins forte.
A la fin fe fâchant de n'en obtenir rien,
Il vous prend un lévier, met en piece l'Idole,
Le trouve rempli d'or. Quand je t'ai fait du bien,
M'as-tu valu, dit-il, feulement une obole?
Va, fors de mon logis, cherche d'autres autels.
      Tu reffembles aux naturels
      Malheureux, groffiers & ftupides:
On n'en peut rien tirer qu'avecque le bâton.
Plus je te rempliffois, plus mes mains étoient vuides:
      J'ai bien fait de changer de ton.

(Fable LXVIII.)

L'HOMME ET L'IDOLE DE BOIS. Fable LXVII.

J.B. Oudry inv.

P.F. Martenasie sculp.

FABLE IX.

LE GEAI

PARÉ DES PLUMES

DU PAON.

E

FABLE IX.

LE GEAI PARÉ DES PLUMES DU PAON.

Un Paon muoit: un Geai prit fon plumage;
  Puis après fe l'accommoda:
Puis, parmi d'autres Paons, tout fier fe panada,
  Croyant être un beau perfonnage.
Quelqu'un le reconnut: il fe vit bafoué,
  Berné, fifflé, moqué, joué;
Et, par Meffieurs les Paons, plumé d'étrange forte:
Même vers fes pareils s'étant réfugié,
  Il fut par eux mis à la porte.

Il eft affez de Geais à deux pieds comme lui,
Qui fe parent fouvent des dépouilles d'autrui,
  Et que l'on nomme plagiaires.
Je m'en tais, & ne veux leur caufer nul ennui:
  Ce ne font pas là mes affaires.

(Fable LXIX.)

LE GEAY PARÉ DES PLUMES DU PAON. FABLE LXIX.

J.B. Oudry in v.

G. Riland sculp.

FABLE X.

LE CHAMEAU

ET

LES BÂTONS FLOTTANS.

FABLE X.

Le Chameau et les Bâtons flottans.

Le premier qui vit un Chameau,
S'enfuit à cet objet nouveau.
Le fecond approcha : le troifiéme ofa faire
Un licou pour le Dromadaire.
L'accoutumance ainfi nous rend tout familier.
Ce qui nous paroiffoit terrible & fingulier,
S'apprivoife avec notre vûe,
Quand ce vient à la continue.
Et, puifque nous voici tombé fur ce fujet,
On avoit mis des gens au guet,
Qui voyant fur les eaux de loin certain objet,
Ne purent s'empêcher de dire
Que c'étoit un puiffant navire.
Quelques momens après, l'objet devint brûlot,
Et puis nacelle, & puis balot,
Enfin bâtons flottans fur l'onde.

J'en fçais beaucoup de par le monde,
A qui ceci conviendroit bien :
De loin c'eft quelque chofe, & de près ce n'eft rien.

(*Fable LXX.*)

LE CHAMEAU ET LES BATONS FLOTANS. Fable LXX.

J.B. Oudry inv.   P. Avelines sculp.

LA GRENOUILLE ET LE RAT. Fable LXXI.

J.B. Oudry inv.

Aliamet sculp.

FABLE XI.

LA GRENOUILLE ET LE RAT.

Tel, comme dit Merlin, cuide engeigner autrui,
     Qui souvent s'engeigne soi-même.
J'ai regret que ce mot soit trop vieux aujourd'hui :
Il m'a toujours semblé d'une énergie extrême.
Mais afin d'en venir au dessein que j'ai pris ;
Un Rat plein d'embonpoint, gras, & des mieux nourris,
Et qui ne connoissoit l'Avent ni le Carême,
Sur le bord d'un marais égayoit ses esprits.
Une Grenouille approche, & lui dit en sa langue :
Venez me voir chez moi, je vous ferai festin.
     Messire Rat promit soudain :
Il n'étoit pas besoin de plus longue harangue.
Elle allégua pourtant les délices du bain,
La curiosité, le plaisir du voyage,
Cent raretés à voir le long du marécage :
Un jour il conteroit à ses petits enfans
Les beautés de ces lieux, les mœurs des habitans,
Et le gouvernement de la chose publique
          Aquatique.
Un point sans plus tenoit le galant empêché :
Il nageoit quelque peu, mais il falloit de l'aide.
La Grenouille à cela trouve un très-bon reméde.
Le Rat fut à son pied par la patte attaché :
     Un brin de jonc en fit l'affaire.
Dans le marais entrés, notre bonne commere
S'efforce de tirer son hôte au fond de l'eau,
Contre le droit des gens, contre la foi jurée ;
Prétend qu'elle en fera gorge chaude & curée :
(C'étoit, à son avis, un excellent morceau)
Déja dans son esprit la galante le croque.

Tome II.   F

Il attefte les Dieux: la perfide s'en moque.
Il réfifte: elle tire. En ce combat nouveau,
Un Milan qui dans l'air planoit, faifoit la ronde,
Voit d'en-haut le pauvret fe débatant fur l'onde.
Il fond deffus, l'enleve, & par même moyen
   La Grenouille & le lien.
   Tout en fut, tant & fi bien,
   Que de cette double proie
   L'Oifeau fe donne au cœur joie,
   Ayant, de cette façon,
   A fouper chair & poiffon.

   La rufe la mieux ourdie
   Peut nuire à fon inventeur;
   Et fouvent la perfidie
   Retourne fur fon auteur.

(*Fable LXXI.*)

FABLE XII.

TRIBUT

ENVOYÉ PAR LES ANIMAUX

A ALEXANDRE.

FABLE XII.

Tribut envoyé par les Animaux a Alexandre.

Une Fable avoit cours parmi l'Antiquité;
  Et la raifon ne m'en eft pas connue.
Que le Lecteur en tire une moralité:
  Voici la Fable toute nue.

La Renommée ayant dit en cent lieux
Qu'un fils de Jupiter, un certain Alexandre,
Ne voulant rien laiffer de libre fous les cieux,
  Commandoit que, fans plus attendre,
  Tout peuple à fes pieds s'allât rendre,
Quadrupédes, Humains, Élephans, Vermiffeaux,
  Les Républiques des Oifeaux.
  La Déeffe aux cent bouches, dis-je,
  Ayant mis par-tout la terreur
En publiant l'édit du nouvel Empereur;
  Les Animaux, & toute efpece lige,
De fon feul appétit, crurent que cette fois
  Il falloit fubir d'autres loix.
On s'affemble au défert. Tous quittent leur taniére.
Après divers avis, on réfout, on conclut,
  D'envoyer hommage & tribut.
  Pour l'hommage & pour la maniére,
Le Singe en fut chargé: l'on lui mit par écrit
  Ce que l'on vouloit qui fût dit.
  Le feul tribut les tint en peine.
  Car que donner? il falloit de l'argent.
  On en prit d'un Prince obligeant,
  Qui poffédant dans fon domaine
Des mines d'or, fournit ce qu'on voulut.
Comme il fut queftion de porter ce tribut,

TRIBUT ENVOYÉ PAR LES ANIMAUX A ALEXANDRE. Fable LXXII.

J.B. Oudry inv.

Aliamet sculp.

Le Mulet & l'Ane s'offrirent,
Affiftés du Cheval, ainfi que du Chameau.
Tous quatre en chemin ils fe mirent
Avec le Singe, ambaffadeur nouveau.
La caravane enfin rencontre en un paffage
Monfeigneur le Lion. Cela ne leur plut point.
Nous nous rencontrons tout à point,
Dit-il, & nous voici compagnons de voyage.
J'allois offrir mon fait à part;
Mais bien qu'il foit léger, tout fardeau m'embarraffe:
Obligez-moi de me faire la grace,
Que d'en porter chacun un quart.
Ce ne vous fera pas une charge trop grande;
Et j'en ferai plus libre, & bien plus en état,
En cas que les voleurs attaquent notre bande,
Et que l'on en vienne au combat.
Econduire un Lion, rarement fe pratique.
Le voila donc admis, foulagé, bien reçu;
Et, malgré le héros de Jupiter iffu,
Faifant chere & vivant fur la bourfe publique.
Ils arriverent dans un pré
Tout bordé de ruiffeaux, de fleurs tout diapré,
Où maint Mouton cherchoit fa vie,
Séjour du frais, véritable patrie
Des Zéphirs. Le Lion n'y fut pas, qu'à ces gens
Il fe plaignit d'être malade.
Continuez votre Ambaffade,
Dit-il, je fens un feu qui me brûle au dedans,
Et veux chercher ici quelque herbe falutaire.
Pour vous, ne perdez point de temps:
Rendez-moi mon argent, j'en puis avoir à faire.
On débale; & d'abord le Lion s'écria
D'un ton qui témoignoit fa joie:
Que de filles, ô Dieux, mes piéces de monnoie
Ont produites! Voyez; la plûpart font déjà

Auffi grandes que leurs meres.
Le croît m'en appartient. Il prit tout là-deffus ;
Ou bien, s'il ne prit tout, il n'en demeura guères.
　　　Le Singe & les Sommiers confus,
Sans ofer repliquer, en chemin fe remirent.
Au fils de Jupiter on dit qu'ils fe plaignirent,
　　　Et n'en eurent point de raifon.
Qu'eût-il fait ? C'eût été Lion contre Lion ;
Et le Proverbe dit : *Corfaires à Corfaires*,
L'un l'autre s'attaquant, ne font pas leurs affaires.

(*Fable LXXII.*)

LE CHEVAL S'ETANT VOULU VENGER DU CERF. Fable LXXIII.

J.B. Oudry inv.

N. Le Mire sculp.

FABLE XIII.

LE CHEVAL S'ÉTANT VOULU VENGER DU CERF.

De tout temps les Chevaux ne font nés pour les hommes.
Lorfque le genre humain de gland fe contentoit,
Ane, Cheval & Mule aux forêts habitoit:
Et l'on ne voyoit point, comme au fiécle où nous fommes,
  Tant de felles & tant de bâts,
  Tant de harnois pour les combats,
  Tant de chaifes, tant de carroffes;
  Comme auffi ne voyoit-on pas
  Tant de feftins & tant de nôces.
 Or un Cheval eut alors différent
  Avec un Cerf plein de vîteffe,
 Et ne pouvant l'attraper en courant,
Il eut recours à l'Homme, implora fon adreffe.
L'Homme lui mit un frein, lui fauta fur le dos,
  Ne lui donna point de repos,
Que le Cerf ne fût pris, & n'y laiffât la vie.
 Et cela fait, le Cheval remercie
L'Homme fon bienfaiteur, difant: Je fuis à vous;
Adieu: Je m'en retourne à mon féjour fauvage.
Non pas cela, dit l'Homme, il fait meilleur chez nous:
  Je vois trop quel eft votre ufage.
 Demeurez donc, vous ferez bien traité,
  Et jufqu'au ventre en la litiére.
  Hélas! que fert la bonne chere,
  Quand on n'a pas la liberté!
Le Cheval s'aperçut qu'il avoit fait folie;
Mais il n'étoit plus temps. Déjà fon écurie
  Étoit prête & toute bâtie.
 Il y mourut en traînant fon lien:

Sage s'il eût remis une légere offenfe.

Quel que foit le plaifir que caufe la vengeance,
C'eft l'acheter trop cher, que l'acheter d'un bien
      Sans qui les autres ne font rien.

(*Fable* LXXIII.)

FABLE XIV.

LE RENARD

ET

LE BUSTE.

FABLE XIV.

LE RENARD ET LE BUSTE.

Les Grands, pour la plûpart, font mafques de théâtre;
Leur apparence impofe au vulgaire idolâtre.
L'Ane n'en fçait juger que par ce qu'il en voit.
Le Renard au contraire à fond les examine,
Les tourne de tout fens; & quand il s'aperçoit
        Que leur fait n'eft que bonne mine,
Il leur applique un mot qu'un Bufte de Héros
        Lui fit dire fort à propos.
C'étoit un Bufte creux & plus grand que nature.
Le Renard, en louant l'effort de la Sculpture,
Belle tête, dit-il, *mais de cervelle point.*

Combien de grands Seigneurs font buftes en ce point?

LE RENARD ET LE BUSTE. Liv. IV. XIV.

J.B. Oudry inv.   P.F. Martenasie sculp.

FABLE XV.

LE LOUP,

LA CHÈVRE

ET

LE CHEVREAU.

FABLE XV.

LE LOUP, LA CHÈVRE ET LE CHEVREAU.

La Bique allant remplir fa traînante mamelle,
>> Et paître l'herbe nouvelle,
>> Ferma fa porte au loquet,
>> Non fans dire à fon Biquet:
>> Gardez-vous, fur votre vie,
>> D'ouvrir que l'on ne vous die
>> Pour enfeigne & mot du guet,
>> Foin du Loup & de fa race.
>> Comme elle difoit ces mots,
>> Le Loup de fortune paffe:
>> Il les recueille à propos,
>> Et les garde en fa mémoire.
>> La Bique, comme on peut croire,
>> N'avoit pas vû le glouton.
Dès qu'il la voit partie, il contrefait fon ton,
>> Et d'une voix papelarde
Il demande qu'on ouvre, en difant; foin du Loup;
>> Et croyant entrer tout d'un coup.
Le Biquet foupçonneux par la fente regarde.
Montrez-moi patte planche, ou je n'ouvrirai point,
S'écria-t-il d'abord. (Patte blanche eft un point
Chez les Loups, comme on fçait, rarement en ufage.)
Celui-ci fort furpris d'entendre ce langage,
Comme il étoit venu s'en retourna chez foi.
Où feroit le Biquet s'il eût ajoûté foi
>> Au mot du guet, que de fortune
>> Notre Loup avoit entendu?

>> Deux furetés valent mieux qu'une;
Et le trop en cela ne fut jamais perdu.

(Fable LXXV.)

LE LOUP, LA CHEVRE ET LE CHEVREAU. Fab. LXXV.

J.B. Oudry inv.

P.F. Tardieu sculp.

LE LOUP, LA MERE ET L'ENFANT. Fable LXXVI.

FABLE XVI.

LE LOUP, LA MERE ET L'ENFANT.

Ce Loup me remet en mémoire
Un de ses compagnons qui fut encor mieux pris.
Il y périt: voici l'histoire.

Un villageois avoit à l'écart son logis:
Messer Loup attendoit chape-chute à la porte.
Il avoit vû sortir gibier de toute sorte,
Veaux de lait, Agneaux & Brebis,
Régiment de Dindons, enfin bonne provende.
Le larron commençoit pourtant à s'ennuyer.
Il entend un enfant crier.
La mere aussi-tôt le gourmande,
Le menace, s'il ne se tait,
De le donner au Loup. L'animal se tient prêt,
Remerciant les Dieux d'une telle aventure;
Quand la mere appaisant sa chere géniture,
Lui dit; ne criez point: s'il vient, nous le tuerons.
Qu'est-ceci? s'écria le mangeur de Moutons.
Dire d'un, puis d'un autre? Est-ce ainsi que l'on traite
Les gens faits comme moi? Me prend-on pour un sot?
Que quelque jour ce beau marmot
Vienne au bois cueillir la noisette.
Comme il disoit ces mots, on sort de la maison:
Un chien de cour l'arrête: épieux & fourches fiéres
L'ajustent de toutes maniéres.
Que veniez-vous chercher en ce lieu? lui dit-on.
Aussi-tôt il conta l'affaire.
Merci de moi, lui dit la mere,
Tu mangeras mon fils? l'ai-je fait à dessein
Qu'il assouvisse un jour ta faim?

On affomme la pauvre bête.
Un manant lui coupa le pied droit & la tête:
Le Seigneur du village à fa porte les mit,
Et ce dicton Picard à l'entour fut écrit:

Biaux chires Leups n'écoutez mie
Mere tenchent chen fieux qui crie.

(*Fable LXXVI.*)

FABLE XVII.

PAROLE

DE

SOCRATE.

FABLE XVII.

PAROLE DE SOCRATE.

Socrate un jour faifant bâtir,
Chacun cenfuroit fon ouvrage.
L'un trouvoit les dedans, pour ne lui point mentir,
Indignes d'un tel perfonnage.
L'autre blâmoit la face ; & tous étoient d'avis
Que les appartemens en étoient trop petits.
Quelle maifon pour lui ! L'on y tournoit à peine.
Plût au ciel que de vrais amis ;
Telle qu'elle eft, dit-il, elle pût être pleine !

Le bon Socrate avoit raifon
De trouver pour ceux-là trop grande fa maifon.
Chacun fe dit ami ; mais fou qui s'y repofe.
Rien n'eft plus commun que ce nom,
Rien n'eft plus rare que la chofe.

(*Fable LXXVII.*)

PAROLE DE SOCRATE. Fable LXXVII.

J.B.Oudry inv.   Ardinse sculp.

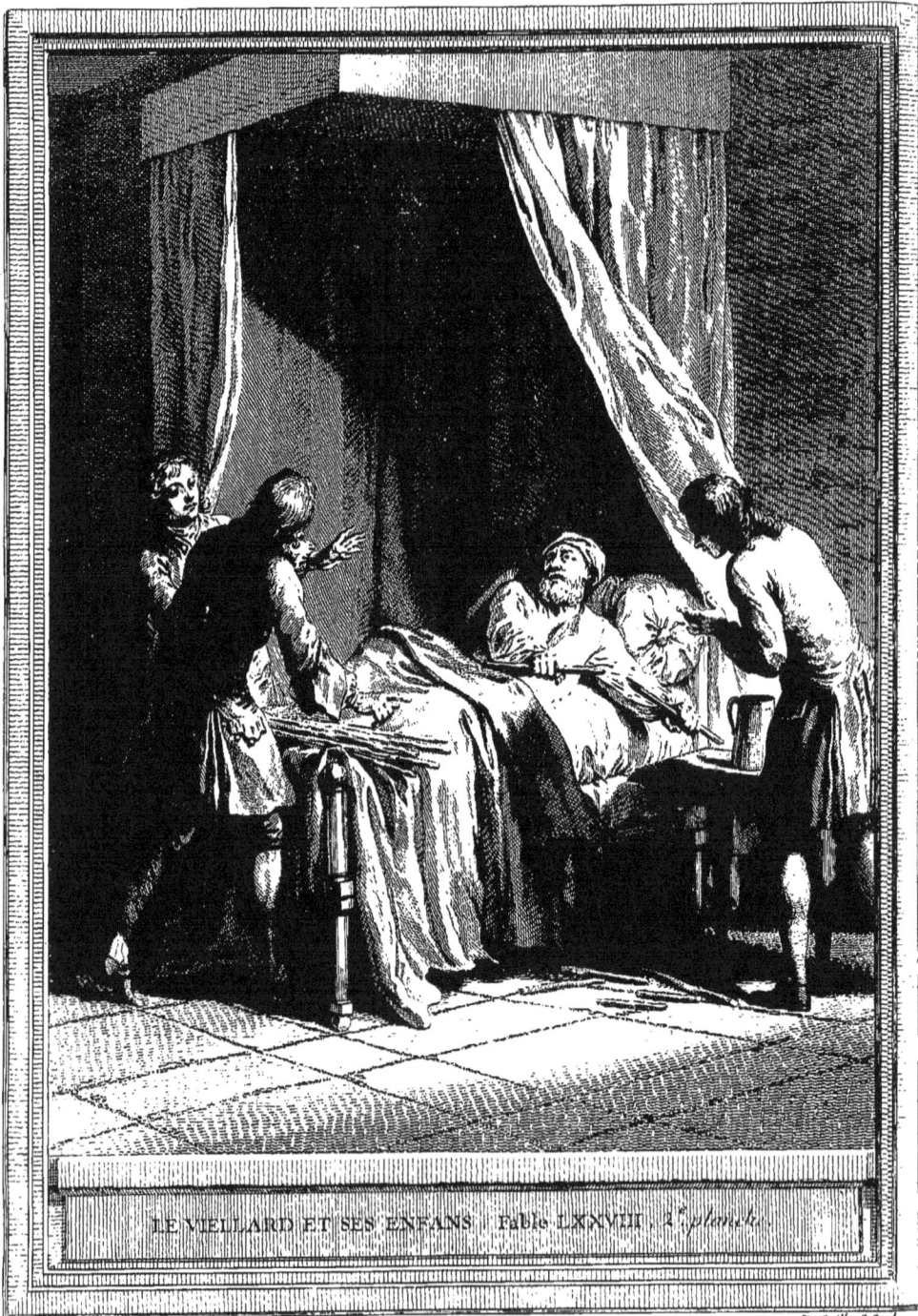

LE VIEILLARD ET SES ENFANS. Fable LXXVII. 2.^e planche.

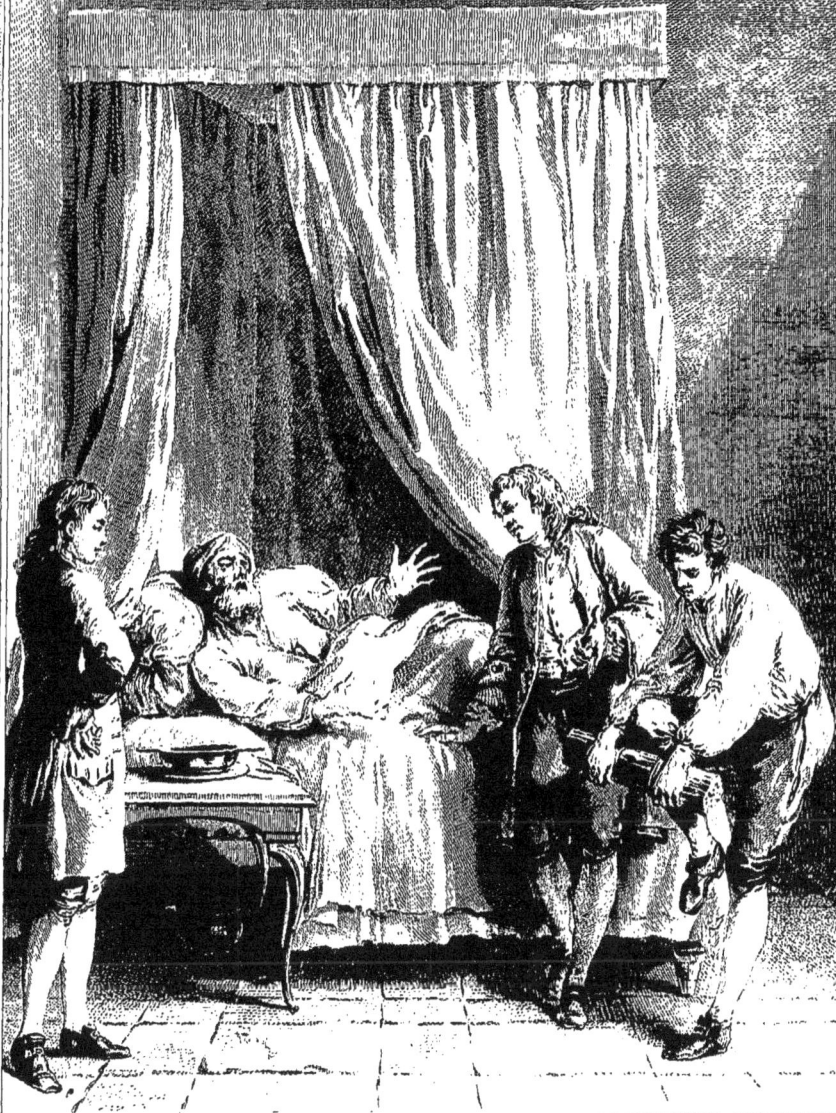

LE VIELLARD ET SES ENFANS.   Fable LXXVIII.

J.B. Oudry inv.   Noel Le Mire sculp.

FABLE XVIII.

LE VIEILLARD ET SES ENFANS.

Toute puiſſance eſt foible, à moins que d'être unie.
Écoutez là-deſſus l'Eſclave de Phrygie.
Si j'ajoûte du mien à ſon invention,
C'eſt pour peindre nos mœurs, & non pas par envie;
Je ſuis trop au-deſſous de cette ambition.
Phédre enchérit ſouvent par un motif de gloire:
Pour moi, de tels penſers me ſeroient mal-ſéans.
Mais venons à la Fable, ou plutôt à l'hiſtoire
De celui qui tâcha d'unir tous ſes enfans.

Un Vieillard prêt d'aller où la mort l'appelloit;
Mes chers enfans, dit-il (à ſes fils il parloit,)
Voyez ſi vous romprez ces dards liés enſemble:
Je vous expliquerai le nœud qui les aſſemble.
L'aîné les ayant pris, & fait tous ſes efforts,
Les rendit en diſant: je le donne aux plus forts.
Un ſecond lui ſuccede, & ſe met en poſture,
Mais en vain. Un cadet tente auſſi l'aventure.
Tous perdirent leur temps, le faiſceau réſiſta:
De ces dards joints enſemble un ſeul ne s'éclata.
Foibles gens! dit le pere, il faut que je vous montre
Ce que ma force peut en ſemblable rencontre.
On crut qu'il ſe moquoit, on ſourit, mais à tort.
Il ſépare les dards, & les rompt ſans effort.
Vous voyez, reprit-il, l'effet de la concorde.
Soyez joints, mes enfans, que l'amour vous accorde.
Tant que dura ſon mal, il n'eut autre diſcours.
Enfin ſe ſentant prêt de terminer ſes jours;
Mes chers enfans, dit-il, je vais où ſont nos peres:
Adieu, promettez-moi de vivre comme freres;

Que j'obtienne de vous cette grace en mourant.
Chacun de ſes trois fils l'en aſſure en pleurant.
Il prend à tous les mains : il meurt ; & les trois freres
Trouvent un bien fort grand, mais fort mêlé d'affaires.
Un créancier ſaiſit, un voiſin fait procès :
D'abord notre Trio s'en tire avec ſuccès.
Leur amitié fut courte autant qu'elle étoit rare.
Le ſang les avoit joint, l'intérêt les ſépare.
L'ambition, l'envie, avec les conſultants,
Dans la ſucceſſion entrent en même tems.
On en vient au partage, on conteſte, on chicane :
Le Juge ſur cent points tour à tour les condamne.
Créanciers & voiſins reviennent auſſi-tôt,
Ceux-là ſur une erreur, ceux-ci ſur un défaut.
Les freres déſunis ſont tous d'avis contraire :
L'un veut s'accommoder, l'autre n'en veut rien faire.
Tous perdirent leur bien ; & voulurent, trop tard,
Profiter de ces dards unis, & pris à part.

(*Fable LXXVIII.*) ❧

FABLE XIX.

L'ORACLE

ET

L'IMPIE.

FABLE XIX.

L'ORACLE ET L'IMPIE.

Vouloir tromper le Ciel, c'eſt folie à la Terre.
Le Dédale des cœurs en ſes détours n'enſerre
Rien qui ne ſoit d'abord éclairé par les Dieux.
Tout ce que l'homme fait, il le fait à leurs yeux,
Même les actions que dans l'ombre il croit faire.

Un Payen qui ſentoit quelque peu le fagot,
Et qui croyoit en Dieu, pour uſer de ce mot,
      Par bénéfice d'inventaire,
      Alla conſulter Apollon.
      Dès qu'il fut en ſon ſanctuaire,
Ce que je tiens, dit-il, eſt-il en vie ou non?
      Il tenoit un moineau, dit-on,
      Prêt d'étouffer la pauve bête,
      Ou de la lâcher auſſi-tôt,
      Pour mettre Apollon en défaut.
Apollon reconnut ce qu'il avoit en tête.
Mort ou vif, lui dit-il, montre-nous ton moineau,
      Et ne me tens plus de panneau,
Tu te trouverois mal d'un pareil ſtratagême.
      Je vois de loin, j'atteins de même.

(*Fable LXXIX.*)

L'ORACLE ET L'IMPIE Fable LXXIX

J. B. Oudry inv.   C. Baquoy Sculp.

L'AVARE QUI A PERDU SON TRESOR. Fable LXXX.

J.B. Oudry inv.

C. Baquoy sculp.

FABLE XX.

L'AVARE QUI A PERDU SON TRÉSOR.

L'ufage feulement fait la poffeffion.
Je demande à ces gens, de qui la paffion
Eft d'entaffer toujours, mettre fomme fur fomme,
Quel avantage ils ont que n'ait pas un autre homme.
Diogene là-bas eft auffi riche qu'eux;
Et l'Avare ici haut, comme lui vit en gueux.
L'Homme au tréfor caché qu'Éfope nous propofe,
   Servira d'exemple à la chofe.

   Ce malheureux attendoit,
Pour jouir de fon bien, une feconde vie,
Ne poffédoit pas l'or, mais l'or le poffédoit.
Il avoit dans la terre une fomme enfouie,
  Son cœur avec, n'ayant autre déduit,
   Que d'y ruminer jour & nuit,
Et rendre fa chevance à lui-même facrée.
Qu'il allât ou qu'il vînt, qu'il bût ou qu'il mangeât,
On l'eût pris de bien court à moins qu'il ne fongeât
A l'endroit où gifoit cette fomme enterrée.
Il y fit tant de tours qu'un Foffoyeur le vit,
Se douta du dépôt, l'enleva fans rien dire.
Notre Avare un beau jour ne trouva que le nid.
Voilà mon homme aux pleurs: il gémit, il foupire,
   Il fe tourmente, il fe déchire.
Un paffant lui demande à quel fujet fes cris.
   C'eft mon tréfor que l'on m'a pris.
Votre tréfor? où pris? tout joignant cette pierre.
   Eh! fommes-nous en temps de guerre
Pour l'apporter fi loin? n'euffiez-vous pas mieux fait
De le laiffer chez vous en votre cabinet,

Que de le changer de demeure?
Vous auriez pû fans peine y puifer à toute heure.
A toute heure, bons Dieux! ne tient-il qu'à cela?
L'argent vient-il comme il s'en va?
Je n'y touchois jamais. Dites-moi donc, de grace,
Reprit l'autre, pourquoi vous vous affligez tant:
Puifque vous ne touchiez jamais à cet argent,
Mettez une pierre à la place,
Elle vous vaudra tout autant.

(*Fable LXXX.*)

L'ŒIL DU MAITRE Fable LXXXI

FABLE XXI.

L'Œil du Maître.

Un Cerf s'étant fauvé dans une étable à Bœufs,
　　Fut d'abord averti par eux,
　　Qu'il cherchât un meilleur afyle.
Mes freres, leur dit-il, ne me décelez pas :
Je vous enfeignerai les pâtis les plus gras :
Ce fervice vous peut quelque jour être utile ;
　　Et vous n'en aurez pas regret.
Les Bœufs, à toute fin, promirent le fecret.
Il fe cache en un coin, refpire & prend courage.
Sur le foir on apporte herbe fraîche & fourage,
　　Comme l'on faifoit tous les jours.
　　L'on va, l'on vient, les valets font cent tours,
　　L'intendant même ; & pas un d'aventure
　　　N'aperçut ni cor, ni ramure,
　　Ni Cerf enfin. L'habitant des forêts
Rend déjà grace aux Bœufs, attend dans cette étable
Que chacun retournant au travail de Cérès,
Il trouve pour fortir un moment favorable.
L'un des Bœufs ruminant, lui dit : cela va bien ;
Mais quoi ? l'homme aux cent yeux n'a pas fait fa revûe :
　　Je crains fort pour toi fa venue.
Jufque-là, pauvre Cerf, ne te vante de rien.
Là-deffus le Maître entre, & vient faire fa ronde.
　　Qu'eft-ceci ? dit-il à fon monde,
Je trouve bien peu d'herbe en tous ces râteliers.
Cette litiere eft vieille ; allez vîte aux greniers.
Je veux voir déformais vos bêtes mieux foignées.
Que coûte-t-il d'ôter toutes ces araignées ?
Ne fçauroit-on ranger ces jougs & ces colliers ?
En regardant à tout, il voit une autre tête

Que celles qu'il voyoit d'ordinaire en ce lieu.
Le Cerf eſt reconnu : chacun prend un épieu :
       Chacun donne un coup à la bête.
Ses larmes ne ſçauroient la ſauver du trépas.
On l'emporte, on la ſale, on en fait maint repas,
       Dont maint voiſin s'éjouit d'être.
Phédre ſur ce ſujet dit fort élégamment :
        Il n'eſt pour voir que l'œil du Maître.
Quant à moi, j'y mettrois encor l'œil de l'Amant.

(*Fable LXXXI.*)

FABLE XXII.

L'ALOUETTE

ET SES PETITS,

AVEC LE MAÎTRE

D'UN CHAMP.

FABLE XXII.

L'ALOUETTE ET SES PETITS, AVEC LE MAÎTRE D'UN CHAMP.

Ne t'attens qu'à toi feul, c'eſt un commun proverbe.
  Voici comme Éſope le mit
    En crédit.

   Les Alouettes font leur nid
   Dans les bleds quand ils ſont en herbe,
   C'eſt-à-dire environ le temps
Que tout aime, & que tout pullule dans le monde;
   Monſtres marins au fond de l'onde,
Tigres dans les forêts, Alouettes aux champs.
   Une pourtant de ſes derniéres
Avoit laiſſé paſſer la moitié du Printemps,
Sans goûter les plaiſirs des amours printanniéres.
A toute force enfin elle ſe réſolut
D'imiter la nature, & d'être mere encore.
Elle bâtit un nid, pond, couve, & fait éclore,
A la hâte : le tout alla du mieux qu'il put.
Les bleds d'alentour mûrs, avant que la nitée
   Se trouvât aſſez forte encor
   Pour voler & prendre l'eſſor,
De mille ſoins divers l'Alouette agitée,
S'en va chercher pâture, avertit ſes enfans
D'être toujours au guet & faire ſentinelle.
   Si le poſſeſſeur de ces champs
Vient avecque ſon fils, comme il viendra, dit-elle,
   Écoutez bien : ſelon ce qu'il dira,
   Chacun de nous décampera.
Si-tôt que l'Alouette eut quitté ſa famille,

L'ALOUETTE ET SES PETITS, AVEC LE MAÎTRE D'UN CHAMP. Fable LXXXII.

Le poffeffeur du champ vient avecque fon fils.
Ces bleds font mûrs, dit-il; allez chez nos amis,
Les prier que chacun apportant fa faucille,
Nous vienne aider demain dès la pointe du jour.
   Notre Alouette de retour
   Trouve en alarme fa couvée.
L'un commence: il a dit que l'Aurore levée,
L'on fît venir demain fes amis pour l'aider.
S'il n'a dit que cela, repartit l'Alouette,
Rien ne nous preffe encor de changer de retraite:
Mais c'eft demain qu'il faut tout de bon écouter.
Cependant foyez gais: voilà dequoi manger.
Eux repûs, tout s'endort, les petits & la mere.
L'aube du jour arrive; & d'amis point du tout.
L'Alouette a l'effor. Le Maître s'en vient faire
   Sa ronde ainfi qu'à l'ordinaire.
Ces bleds ne devroient pas, dit-il, être debout.
Nos amis ont grand tort, & tort qui fe repofe
Sur de tels pareffeux à fervir ainfi lents.
   Mon fils, allez chez nos parens
   Les prier de la même chofe.
L'épouvante eft au nid plus forte que jamais.
Il a dit fes parens, mere, c'eft à cette heure . . .
   Non, mes enfans, dormez en paix:
   Ne bougeons de notre demeure.
L'Alouette eut raifon, car perfonne ne vint.
Pour la troifiéme fois le Maître fe fouvint
De vifiter fes bleds. Notre erreur eft extrême,
Dit-il, de nous attendre à d'autres gens que nous.
Il n'eft meilleur ami ni parent que foi-même.
Retenez bien cela, mon fils; & fçavez-vous
Ce qu'il faut faire? il faut qu'avec notre famille,
Nous prenions dès demain chacun une faucille;
C'eft là notre plus court; & nous acheverons
   Notre moiffon quand nous pourrons.

Dès-lors que le deſſein fut ſçu de l'Alouette,
C'eſt à ce coup qu'il faut décamper, mes enfans :
      Et les petits en même temps
      Voletans, ſe culebutans,
      Délogerent tous ſans trompette.

Fin du quatriéme Livre.

(Fable LXXXII.)

FABLES
CHOISIES.
LIVRE CINQUIEME.

FABLES CHOISIES.

LIVRE CINQUIÉME.

FABLE I.

Le Bucheron et Mercure.

A M. le C. D. B.

Votre goût a fervi de regle à mon ouvrage:
J'ai tenté les moyens d'acquérir fon fuffrage.
Vous voulez qu'on évite un foin trop curieux,
Et des vains ornemens l'effort ambitieux:
Je le veux comme vous: cet effort ne peut plaire.
Un Auteur gâte tout quand il veut trop bien faire.
Non qu'il faille bannir certains traits délicats:
Vous les aimez, ces traits; & je ne les hais pas.
Quant au principal but qu'Éfope fe propofe,
   J'y tombe au moins mal que je puis.
Enfin, fi dans mes vers je ne plais & n'inftruis,
Il ne tient pas à moi, c'eft toujours quelque chofe.
   Comme la force eft un point
   Dont je ne me pique point,
Je tâche d'y tourner le vice en ridicule,
Ne pouvant l'attaquer avec des bras d'Hercule.
C'eft là tout mon talent: je ne fçai s'il fuffit.
   Tantôt je peins en un récit
La fotte vanité jointe avecque l'envie,
Deux pivots fur qui roule aujourd'hui notre vie.
   Tel eft ce chétif animal
Qui voulut en groffeur au bœuf fe rendre égal.
J'oppofe quelquefois par une double image,

LE BUCHERON ET MERCURE. A M LE C. D. B. Fab. LXXXII.

J.B. Oudry inv.

C.N. Cochin aqua forti, N. Dupuis cæla sculpserunt.

Le vice à la vertu, la fottife au bon fens,
   Les agneaux aux loups raviffans,
La mouche à la fourmi; faifant de cet ouvrage
Une ample comédie à cent actes divers,
   Et dont la fcene eft l'Univers.
Hommes, dieux, animaux, tout y fait quelque rôle,
Jupiter comme un autre. Introduifons celui
Qui porte de fa part aux belles la parole:
Ce n'eft pas de cela qu'il s'agit aujourd'hui.

  Un Bûcheron perdit fon gagne-pain,
  C'eft fa cognée; & la cherchant en vain,
  Ce fut pitié là-deffus de l'entendre.
  Il n'avoit pas des outils à revendre.
  Sur celui-ci rouloit tout fon avoir.
  Ne fçachant donc où mettre fon efpoir,
  Sa face étoit de pleurs toute baignée.
  O ma cognée! O ma pauvre cognée!
  S'écrioit-il, Jupiter, rends-la-moi,
  Je tiendrai l'être encore un coup de toi.
  Sa plainte fut de l'Olympe entendue.
  Mercure vient. Elle n'eft pas perdue,
  Lui dit ce dieu; la connoîtras-tu bien?
  Je crois l'avoir près d'ici rencontrée.
  Lors, une d'or à l'homme étant montrée,
  Il répondit: je n'y demande rien.
  Une d'argent fuccede à la premiére;
  Il la refufe. Enfin une de bois.
  Voilà, dit-il, la mienne cette fois:
  Je fuis content fi j'ai cette derniere.
  Tu les auras, dit le dieu, toutes trois;
  Ta bonne foi fera récompenfée:
  En ce cas-là je les prendrai, dit-il.
  L'hiftoire en eft auffi-tôt difperfée;
  Et Boquillons de perdre leur outil,

Et de crier pour se le faire rendre.
Le roi des dieux ne sçait auquel entendre.
Son fils Mercure aux criards vient encor,
A chacun d'eux il en montre une d'or.
Chacun eût cru passer pour une bête
De ne pas dire aussi-tôt : la voilà.
Mercure, au lieu de donner celle-là,
Leur en décharge un grand coup sur la tête.

Ne point mentir, être content du sien ;
C'est le plus sûr : cependant on s'occupe
A dire faux pour attraper du bien.
Que sert cela ? Jupiter n'est pas dupe.

(*Fable LXXXIII.*)

LE POT DE TERRE ET LE POT DE FER. Fable LXXXIV.

FABLE II.

LE POT DE TERRE ET LE POT DE FER.

Le Pot de fer propofa
Au Pot de terre un voyage.
Celui-ci s'en excufa,
Difant qu'il feroit que fage
De garder le coin du feu;
Car il lui falloit fi peu,
Si peu, que la moindre chofe
De fon débris feroit caufe:
Il n'en reviendroit morceau.
Pour vous, dit-il, dont la peau
Eft plus dure que la mienne,
Je ne vois rien qui vous tienne.
Nous vous mettrons à couvert,
Repartit le Pot de fer:
Si quelque matiére dure
Vous menace d'aventure,
Entre deux je pafferai,
Et du coup vous fauverai.
Cette offre le perfuade.
Pot de fer fon camarade
Se met droit à fes côtés.
Mes gens s'en vont à trois pieds,
Clopin clopant, comme ils peuvent,
L'un contre l'autre jettés,
Au moindre hoquet qu'ils treuvent.
Le Pot de terre en fouffre: il n'eut pas fait cent pas,
Que par fon compagnon il fut mis en éclats,
Sans qu'il eût lieu de fe plaindre.

Tome II. O

Ne nous affocions qu'avecque nos égaux,
   Ou bien, il nous faudra craindre
   Le deftin d'un de ces pots.

(*Fable LXXXIV.*)

FABLE III.

LE PETIT POISSON

ET

LE PÊCHEUR.

FABLE III.

LE PETIT POISSON ET LE PÊCHEUR.

Petit Poiſſon deviendra grand,
Pourvû que Dieu lui prête vie.
Mais le lâcher en attendant,
Je tiens pour moi que c'eſt folie:
Car de le rattraper, il n'eſt pas trop certain.

Un Carpeau qui n'étoit encore que fretin,
Fut pris par un Pêcheur au bord d'une riviére.
Tout fait nombre, dit l'homme en voyant ſon butin,
Voilà commencement de chere & de feſtin:
    Mettons-le en notre gibeciére.
Le pauvre Carpillon lui dit en ſa maniére,
Que ferez-vous de moi ? je ne ſçaurois fournir
    Au plus qu'une demi-bouchée:
    Laiſſez-moi Carpe devenir;
    Je ſerai par vous repêchée.
Quelque gros partiſan m'achetera bien cher:
    Au lieu qu'il vous en faut chercher
    Peut-être encor cent de ma taille
Pour faire un plat. Quel plat ? Croyez-moi, rien qui vaille.
Rien qui vaille ? & bien ſoit, repartit le Pêcheur,
Poiſſon, mon bel ami, qui faites le prêcheur,
Vous irez dans la poêle; & vous avez beau dire,
    Dès ce ſoir on vous fera frire.

Un *tien* vaut, ce dit-on, mieux que deux *tu l'auras*.
    L'un eſt ſûr, l'autre ne l'eſt pas.

(*Fable LXXXV.*)

LE PETIT POISSON ET LE PÊCHEUR. Fable LXXXV.

J.B. Oudry inv.

P. Aveline sculp.

FABLE IV.

LES OREILLES

DU

LIÉVRE.

FABLE IV.

LES OREILLES DU LIÉVRE.

Un animal cornu bleſſa de quelques coups
   Le Lion, qui plein de courroux,
   Pour ne plus tomber en la peine,
   Bannit des lieux de ſon domaine
Toute bête portant des cornes à ſon front.
Chévres, Béliers, Taureaux auſſi-tôt délogerent,
   Daims & Cerfs de climat changerent:
   Chacun à s'en aller fut prompt.
Un Liévre appercevant l'ombre de ſes oreilles,
   Craignit que quelque Inquiſiteur
N'allât interpréter à cornes leur longueur,
Ne les ſoutînt en tout à des cornes pareilles.
Adieu, voiſin Grillon, dit-il, je pars d'ici;
Mes oreilles enfin ſeroient cornes auſſi:
Et quand je les aurois plus courtes qu'une Autruche,
Je craindrois même encor. Le Grillon repartit:
  Cornes cela! vous me prenez pour cruche:
   Ce ſont oreilles que Dieu fit.
   On les fera paſſer pour cornes,
Dit l'animal craintif, & cornes de Licornes.
J'aurai beau proteſter: mon dire & mes raiſons
   Iront aux petites maiſons.

(*Fable LXXXVI.*)

LES OREILLES DU LIEVRE. *Fable LXXXVI.*

J.B. Oudry inv.

Pitre sculp.

FABLE V.

LE RENARD

QUI A LA QUEUE COUPÉE.

FABLE V.

LE RENARD QUI A LA QUEUE COUPÉE.

Un vieux Renard, mais des plus fins,
Grand croqueur de Poulets, grand preneur de Lapins,
Sentant son Renard d'une lieüe,
Fut enfin au piége attrapé.
Par grand hazard en étant échappé,
Non pas franc, car pour gage il y laiffa fa queue,
S'étant, dis-je, fauvé, fans queue & tout honteux;
Pour avoir des pareils, (comme il étoit habile)
Un jour que les Renards tenoient confeil entre eux,
Que faifons-nous, dit-il, de ce poids inutile,
Et qui va balayant tous les fentiers fangeux?
Que nous fert cette queue? il faut qu'on fe la coupe;
Si l'on me croit, chacun s'y réfoudra.
Votre avis eft fort bon, dit quelqu'un de la troupe,
Mais tournez-vous, de grace, & l'on vous répondra.
A ces mots il fe fit une telle huée,
Que le pauvre écourté ne put être entendu.
Prétendre ôter la queue eût été temps perdu:
La mode en fût continuée.

(*Fable LXXXVII.*)

LE RENARD QUI A LA QUEUE COUPÉE. Fable LXXXVII.

LA VIEILLE ET LES DEUX SERVANTES. Fable LXXXVIII.

J.B. Oudry inv.   Pitre sculp.

FABLE VI.

La Vieille et les deux Servantes.

Il étoit une Vieille ayant deux Chambriéres.
Elles filoient si bien, que les sœurs filandiéres
Ne faisoient que brouiller au prix de celles-ci.
La Vieille n'avoit point de plus pressant souci
Que de distribuer aux Servantes leur tâche :
Dès que Thétis chassoit Phœbus aux crins dorés,
Tourets entroient en jeu, fuseaux étoient tirés,
  Deçà, delà, vous en aurez :
  Point de cesse, point de relâche.
Dès que l'Aurore, dis-je, en son char remontoit,
Un misérable Coq à point nommé chantoit :
Aussi-tôt notre Vieille, encor plus misérable,
S'affubloit d'un jupon crasseux & détestable,
Allumoit une lampe, & couroit droit au lit,
Où, de tout leur pouvoir, de tout leur appétit,
  Dormoient les deux pauvres Servantes.
L'une entr'ouvroit un œil, l'autre étendoit un bras ;
  Et toutes deux, très-mal contentes,
Disoient entre leurs dents : maudit Coq, tu mourras.
Comme elles l'avoient dit, la bête fut gripée.
Le réveille-matin eut la gorge coupée.
Ce meurtre n'amanda nullement leur marché.
Notre couple, au contraire, à peine étoit couché,
Que la Vieille craignant de laisser passer l'heure,
Couroit comme un lutin par toute sa demeure.

  C'est ainsi que le plus souvent
Quand on pense sortir d'une mauvaise affaire,
Tome II.   Q

On s'enfonce encor plus avant :
Témoin ce couple & fon falaire.
La Vieille, au lieu du Coq, les fit tomber par là
De Caribde en Sylla.

(*Fable LXXXVIII.*)

LE SATYRE ET LE PASSANT. Fable LXXXIX.

J. B. Oudry inv.

J. Ouvrier sculp.

FABLE VII.

LE SATYRE ET LE PASSANT.

Au fond d'un antre fauvage,
Un Satyre & fes enfans,
Alloient manger leur potage
Et prendre l'écuelle aux dents.

On les eût vûs fur la mouffe
Lui, fa femme, & maint petit:
Ils n'avoient tapis ni houffe,
Mais tous fort bon appétit.

Pour fe fauver de la pluie
Entre un paffant morfondu.
Au brouet on le convie,
Il n'étoit pas attendu.

Son hôte n'eut pas la peine
De le femondre deux fois.
D'abord avec fon haleine
Il fe réchauffe les doigts.

Puis, fur le mets qu'on lui donne,
Délicat, il fouffle auffi.
Le Satyre s'en étonne;
Notre hôte, à quoi bon ceci?

L'un refroidit mon potage,
L'autre réchauffe ma main.
Vous pouvez, dit le Sauvage,
Reprendre votre chemin.

Ne plaife aux Dieux que je couche
Avec vous fous même toit.
Arriere ceux dont la bouche
Souffle le chaud & le froid.

(*Fable* LXXXIX.)

LE CHEVAL ET LE LOUP. Fable XC.

FABLE VIII.

Le Cheval et le Loup.

Un certain Loup, dans la faifon
Que les tiédes Zéphirs ont l'herbe rajeunie,
Et que les animaux quittent tous la maifon,
        Pour s'en aller chercher leur vie ;
Un Loup, dis-je, au fortir des rigueurs de l'hyver,
Aperçut un Cheval qu'on avoit mis au vert.
        Je l'aiffe à penfer quelle joie.
Bonne chaffe, dit-il, qui l'auroit à fon croc.
Eh que n'es-tu Mouton ! car tu me ferois hoc :
Au lieu qu'il faut rufer pour avoir cette proie :
Rufons donc. Ainfi dit, il vient à pas comptés,
        Se dit Écolier d'Hippocrate :
Qu'il connoît les vertus & les propriétés
        De tous les fimples de ces prés :
        Qu'il fçait guérir, fans qu'il fe flatte,
Toutes fortes de maux. Si Dom Courfier vouloit
        Ne point celer fa maladie,
        Lui Loup gratis le guériroit.
        Car le voir dans cette prairie
        Paître ainfi fans être lié,
Témoignoit quelque mal, felon la Médecine.
        J'ai, dit la Bête chevaline,
        Une apoftume fous le pied.
Mon fils, dit le Docteur, il n'eft point de partie
        Sufceptible de tant de maux.
J'ai l'honneur de fervir Noffeigneurs les Chevaux ;
        Et fais auffi la Chirurgie.
Mon galant ne fongeoit qu'à bien prendre fon temps,
        Afin de haper fon malade.
L'autre, qui s'en doutoit, lui lâche une ruade,

Tome II. R

Qui vous lui met en marmelade
Les mendibules & les dents.
C'eſt bien fait, dit le Loup en ſoi-même fort triſte,
Chacun à ſon métier doit toujours s'attacher.
Tu veux faire ici l'Herboriſte,
Et ne fus jamais que Boucher.

(*Fable* xc.)

FABLE IX.

LE LABOUREUR

ET

SES ENFANS.

FABLE IX.

LE LABOUREUR ET SES ENFANS.

Travaillez, prenez de la peine:
C'eſt le fonds qui manque le moins.

Un riche Laboureur ſentant ſa mort prochaine,
Fit venir ſes Enfans, leur parla ſans témoins.
Gardez-vous, leur dit-il, de vendre l'héritage
     Que nous ont laiſſé nos parens:
     Un tréſor eſt caché dedans.
Je ne ſçais pas l'endroit; mais un peu de courage
Vous le fera trouver, vous en viendrez à bout.
Remuez votre champ dès qu'on aura fait l'oût.
Creuſez, fouillez, bêchez, ne laiſſez nulle place
     Où la main ne paſſe & repaſſe.
Le pere mort, les fils vous retournent le champ,
De-çà, de-là, par tout; ſi bien qu'au bout de l'an
     Il en rapporta davantage.
D'argent, point de caché. Mais le pere fut ſage
     De leur montrer avant ſa mort,
     Que le travail eſt un tréſor.

(Fable xci.)

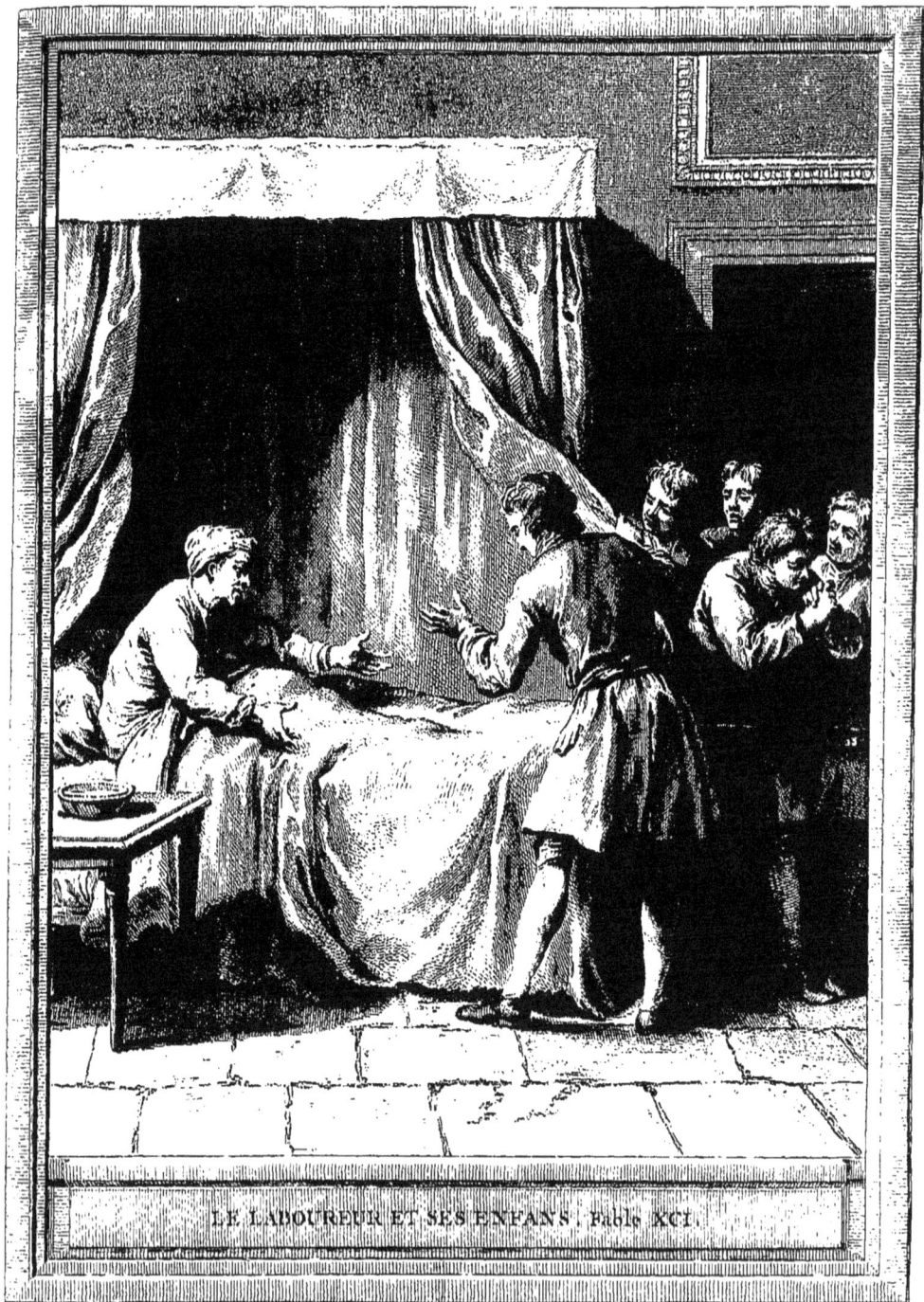

LE LABOUREUR ET SES ENFANS. Fable XCI.

J.B. Oudry inv.

Louis Legrand Sculp.

FABLE X.

LA MONTAGNE

QUI

ACCOUCHE.

FABLE X.

LA MONTAGNE QUI ACCOUCHE

Une montagne en mal d'enfant,
Jettoit une clameur fi haute,
   Que chacun au bruit accourant,
   Crut qu'elle accoucheroit, fans faute,
D'une Cité plus groffe que Paris:
   Elle accoucha d'une Souris.

   Quand je fonge à cette Fable,
   Dont le récit eft menteur,
   Et le fens eft véritable,
   Je me figure un Auteur,
Qui dit: je chanterai la guerre
Que firent les Titans au Maître du tonnerre.
C'eft promettre beaucoup: mais qu'en fort-il fouvent?
   Du vent.

(*Fable XCII.*)

LA MONTAGNE QUI ACCOUCHE. Fable XCII.

J.B. Oudry inv.

Chedel sculp.

FABLE XI.

LA FORTUNE

ET

LE JEUNE ENFANT.

FABLE XI.

La Fortune et le jeune Enfant.

Sur le bord d'un puits très-profond,
　　Dormoit, étendu de son long,
　　Un Enfant alors dans ses classes.
Tout est aux Écoliers couchette & matelas.
　　Un honnête homme, en pareil cas,
　　Auroit fait un saut de vingt brasses.
　　Près de là tout heureusement
La Fortune passa, l'éveilla doucement,
Lui disant: mon mignon, je vous sauve la vie.
Soyez une autre fois plus sage, je vous prie.
Si vous fussiez tombé, l'on s'en fût pris à moi,
　　Cependant c'étoit votre faute.
　　Je vous demande, en bonne foi,
　　Si cette imprudence si haute
Provient de mon caprice? Elle part à ces mots.

　　Pour moi, j'approuve son propos.
　　Il n'arrive rien dans le monde
　　Qu'il ne faille qu'elle en réponde:
　　Nous la faisons de tous écots:
Elle est prise à garant de toutes aventures.
Est-on sot, étourdi, prend-on mal ses mesures,
On pense en être quitte en accusant son sort:
　　Bref, la Fortune a toujours tort.

(*Fable xciii.*)

LA FORTUNE ET LE JEUNE ENFANT. Fable XCIII

J.B. Oudry inv.   P. Aveline sculp.

FABLE XII.

LES

MÉDECINS.

FABLE XII.

LES MÉDECINS.

Le Médecin *Tant-pis* alloit voir un malade,
Que vifitoit auffi fon confrere *Tant-mieux*.
Ce dernier efpéroit, quoique fon camarade
Soûtint que le gifant iroit voir fes ayeux.
Tous deux s'étant trouvés différens pour la cure,
Leur malade paya le tribut à Nature;
Après qu'en fes confeils *Tant-pis* eut été crû.
Ils triomphoient encor fur cette maladie.
L'un difoit, il eft mort, je l'avois bien prévû :
S'il m'eût crû, difoit l'autre, il feroit plein de vie.

(Fable XCIV.)

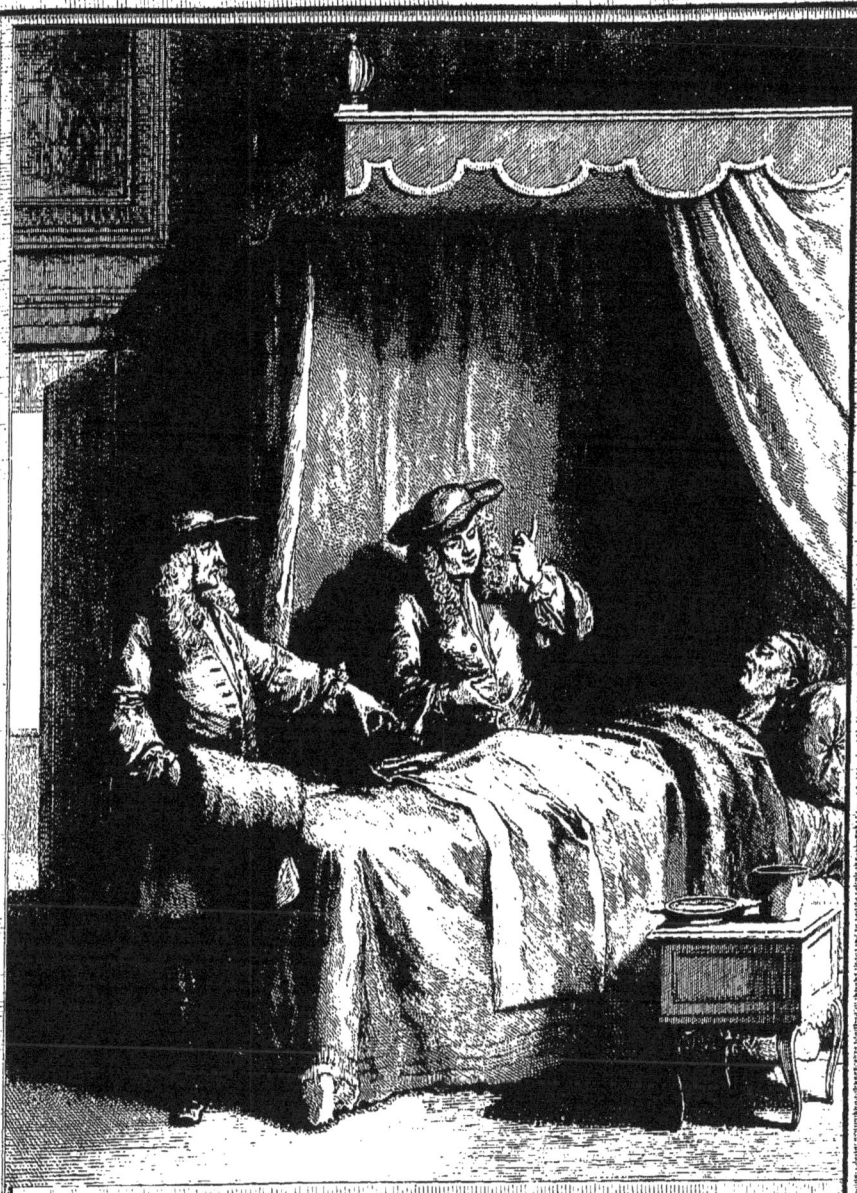

LES MEDECINS Fable XCIV.

FABLE XIII.

LA POULE

AUX

ŒUFS D'OR.

FABLE XIII.

LA POULE AUX ŒUFS D'OR.

L'avarice perd tout en voulant tout gagner.
  Je ne veux pour le témoigner
Que celui dont la Poule, à ce que dit la Fable,
  Pondoit tous les jours un œuf d'or.
Il crut que dans fon corps elle avoit un tréfor.
Il la tua, l'ouvrit, & la trouva femblable
A celles dont les œufs ne lui rapportoient rien,
S'étant lui-même ôté le plus beau de fon bien.

  Belle leçon pour les gens chiches!
Pendant ces derniers temps combien en a-t-on vûs,
Qui du foir au matin font pauvres devenus,
  Pour vouloir trop tôt être riches?

(Fable XCV.)

LA POULE AUX ŒUFS D'OR. Fable XCV.

J.B. Oudry inv.   P. Chenu sculp.

FABLE XIV.

L' Â N E

PORTANT

DES RELIQUES.

FABLE XIV.

L'ÂNE PORTANT DES RELIQUES.

Un Baudet chargé de Reliques,
S'imagina qu'on l'adoroit.
Dans ce penfer il fe carroit,
Recevant comme fien l'encens & les Cantiques.
Quelqu'un vit l'erreur, & lui dit :
Maître Baudet, ôtez-vous de l'efprit
Une vanité fi folle.
Ce n'eft pas vous, c'eft l'idole,
A qui cet honneur fe rend,
Et que la gloire en eft dûe.
D'un Magiftrat ignorant,
C'eft la robe qu'on falue.

(*Fable XCVI.*)

L'ANE PORTANT DES RELIQUES. Fable XCVI.

FABLE XV.

LE CERF

ET

LA VIGNE.

FABLE XV.

LE CERF ET LA VIGNE.

Un Cerf, à la faveur d'une vigne fort haute,
Et telle qu'on en voit en de certains climats,
S'étant mis à couvert, & fauvé du trépas,
Les Veneurs pour ce coup croyoient leurs chiens en faute.
Ils les rappellent donc. Le Cerf, hors de danger,
Broute fa Bienfaictrice, ingratitude extrême!
On l'entend, on retourne, on le fait déloger:
      Il vient mourir en ce lieu même.
J'ai mérité, dit-il, ce jufte châtiment,
Profitez-en, ingrats. Il tombe en ce moment.
La meute en fait curée. Il lui fut inutile
De pleurer aux Veneurs à fa mort arrivés.

Vraie image de ceux qui profanent l'afyle
      Qui les a confervés.

(*Fable XCVII.*)

LE CERF ET LA VIGNE. Fable XCVII.

J.B. Oudry inv.

L. l'Empereur sculpsit.

FABLE XVI.

LE SERPENT

ET

LA LIME.

FABLE XVI.

LE SERPENT ET LA LIME.

On conte qu'un Serpent, voisin d'un Horloger,
(C'étoit pour l'Horloger un mauvais voisinage)
Entra dans sa boutique, & cherchant à manger,
   N'y rencontra pour tout potage
Qu'une Lime d'acier qu'il se mit à ronger.
Cette Lime lui dit, sans se mettre en colere,
  Pauvre ignorant! Et que prétens-tu faire?
   Tu te prens à plus dur que toi,
   Petit Serpent à tête folle;
   Plustôt que d'emporter de moi
   Seulement le quart d'une obole,
   Tu te romprois toutes les dents:
   Je ne crains que celles du temps.

Ceci s'adresse à vous, Esprits du dernier ordre,
Qui n'étant bons à rien, cherchez sur tout à mordre:
   Vous vous tourmentez vainement.
Croyez-vous que vos dents impriment leurs outrages
   Sur tant de beaux ouvrages?
Ils sont pour vous d'airain, d'acier, de diamant.

(*Fable XCVIII.*)

LE SERPENT ET LA LIME. Fable XCVIII.

J.B. Oudry inv.

J. Menil sculp.

FABLE XVII.

LE LIÉVRE

ET

LA PERDRIX.

FABLE XVII.

Le Liévre et la Perdrix.

Il ne fe faut jamais moquer des miférables :
Car qui peut s'affurer d'être toujours heureux ?
  Le Sage Éfope, dans fes Fables,
  Nous en donne un exemple ou deux.
  Celui qu'en ces vers je propofe,
  Et les fiens, ce font même chofe.

Le Liévre & la Perdrix, concitoyens d'un champ,
Vivoient dans un état, ce femble, affez tranquille :
  Quand une meute s'approchant,
Oblige le premier à chercher un afyle.
Il s'enfuit dans fon fort, met les chiens en défaut,
  Sans même en excepter Brifaut.
  Enfin il fe trahit lui-même
Par les efprits fortans de fon corps échauffé.
Miraut, fur leur odeur ayant philofophé,
Conclut que c'eft fon Liévre ; &, d'une ardeur extrême,
Il le pouffe ; & Ruftaut, qui n'a jamais menti,
  Dit que le Liévre eft reparti.
Le pauvre malheureux vient mourir à fon gîte.
  La Perdrix le raille, & lui dit :
  Tu te vantois d'être fi vîte ;
Qu'as-tu fait de tes pieds ? au moment qu'elle rit,
Son tour vient, on la trouve. Elle croit que fes aîles
La fçauront garantir à toute extrémité :
  Mais la pauvrette avoit compté
  Sans l'Autour aux ferres cruelles.

         (*Fable xcix.*)

LE LIEVRE ET LA PERDRIX . Fable XCIX .

J.B. Oudry inv.   Chedel sculp

L'AIGLE ET LE HIBOU. Fable C.

FABLE XVIII.

L'AIGLE ET LE HIBOU.

L'Aigle & le Chat-huant leurs querelles cefferent;
  Et firent tant qu'ils s'embrafferent.
L'un jura foi de Roi, l'autre foi de Hibou,
Qu'ils ne fe goberoient leurs petits peu ni prou.
Connoiffez-vous les miens? dit l'Oifeau de Minerve.
Non, dit l'Aigle. Tant pis, reprit le trifte Oifeau;
  Je crains en ce cas pour leur peau:
  C'eft hazard, fi je les conferve.
Comme vous êtes Roi, vous ne confidérez
Qui ni quoi: Rois & Dieux mettent, quoi qu'on leur die,
  Tout en même catégorie.
Adieu mes nourriffons fi vous les rencontrez.
Peignez-les moi, dit l'Aigle, ou bien me les montrez,
  Je n'y toucherai de ma vie.
Le Hibou repartit: mes petits font mignons,
Beaux, bien faits, & jolis fur tous leurs compagnons:
Vous les reconnoîtrez fans peine à cette marque.
N'allez pas l'oublier: retenez-la fi bien,
  Que chez moi la maudite Parque
  N'entre point par votre moyen.
Il avint qu'au Hibou Dieu donna géniture:
De façon qu'un beau foir qu'il étoit en pâture,
  Notre Aigle aperçut d'aventure,
  Dans les coins d'une roche dure,
  Ou dans les trous d'une mazure,
  (Je ne fçai pas lequel des deux)
  De petits monftres fort hideux,
Rechignés, un air trifte, une voix de Mégére.
Ces enfans ne font pas, dit l'Aigle, à notre ami:
Croquons-les. Le galant n'en fit pas à demi:

Tome II.   Y

Ses repas, ne font point repas à la légere.
Le Hibou, de retour, ne trouve que les pieds
De fes chers nourriffons, hélas! pour toute chofe.
Il fe plaint; & les Dieux font par lui fuppliés
De punir le brigand qui de fon deuil eft caufe.
Quelqu'un lui dit alors: n'en accufe que toi,
      Ou pluftôt la commune loi,
      Qui veut qu'on trouve fon femblable
      Beau, bien fait, & fur tous aimable.
Tu fis de tes enfans à l'Aigle ce portrait:
      En avoient-ils le moindre trait?

(*Fable c.*)

FABLE XIX.

LE LION

S'EN ALLANT

EN GUERRE.

FABLE XIX.

LE LION S'EN ALLANT EN GUERRE.

Le Lion dans fa tête avoit une entreprife.
Il tint confeil de guerre, envoya fes Prévôts,
    Fit avertir les Animaux:
Tous furent du deffein, chacun felon fa guife.
      L'Eléphant devoit fur fon dos
      Porter l'attirail néceffaire,
      Et combattre à fon ordinaire :
      L'Ours s'apprêter pour les affauts :
Le Renard ménager de certaines pratiques;
Et le Singe amufer l'ennemi par fes tours.
Renvoyez, dit quelqu'un, les Anes qui font lourds;
Et les Liévres fujets à des terreurs paniques.
Point du tout, dit le Roi, je les veux employer:
Notre troupe, fans eux, ne feroit pas complette.
L'Ane effraira les gens, nous fervant de trompette;
Et le Liévre pourra nous fervir de courier.

      Le Monarque prudent & fage,
De fes moindres fujets fçait tirer quelque ufage,
      Et connoît les divers talens.
Il n'eft rien d'inutile aux perfonnes de fens.

(Fable CI.)

LE LION S'EN ALLANT EN GUERRE. Fable CI.

LOURS ET LES DEUX COMPAGNONS. Fable CII.

FABLE XX.

L'Ours et les deux Compagnons.

Deux Compagnons preſſés d'argent,
A leur voiſin Fourreur vendirent
La peau d'un Ours encor vivant;
Mais qu'ils tueroient bientôt, du moins à ce qu'ils dirent.
C'étoit le Roi des Ours, au compte de ces gens:
Le Marchand, à ſa peau, devoit faire fortune:
Elle garantiroit des froids les plus cuiſans;
On en pourroit fourrer pluſtôt deux robes qu'une.
Dindenaut priſoit moins ſes Moutons qu'eux leur Ours,
Leur, à leur compte, & non à celui de la bête.
S'offrant de la livrer au plus tard dans deux jours,
Ils conviennent de prix, & ſe mettent en quête,
Trouvent l'Ours qui s'avance, & vient vers eux au trot.
Voilà mes gens frappés comme d'un coup de foudre.
Le marché ne tint pas, il fallut le réſoudre:
D'intérêts contre l'Ours, on n'en dit pas un mot.
L'un des deux Compagnons grimpe au faîte d'un arbre;
          L'autre, plus froid que n'eſt un marbre,
Se couche ſur le nez, fait le mort, tient ſon vent,
          Ayant quelque part oüi dire,
          Que l'Ours s'acharne peu ſouvent
Sur un corps qui ne vit, ne meut, ni ne reſpire.
Seigneur Ours, comme un ſot, donna dans ce panneau.
Il voit ce corps giſant, le croit privé de vie;
          Et de peur de ſupercherie,
Le tourne, le retourne, approche ſon muſeau,
          Flaire aux paſſages de l'haleine.
C'eſt dit-il, un cadavre: ôtons-nous, car il ſent.
A ces mots, l'Ours s'en va dans la forêt prochaine.
L'un de nos deux Marchands de ſon arbre deſcend:

Tome II.   Z

Court à fon Compagnon, lui dit que c'eft merveille,
Qu'il n'ait eu feulement que la peur pour tout mal.
Et bien, ajouta-t-il, la peau de l'animal?
   Mais que t'a-t-il dit à l'oreille?
   Car il t'approchoit de bien près,
   Te retournant avec fa ferre.
   Il m'a dit qu'il ne faut jamais
Vendre la peau de l'Ours qu'on ne l'ait mis par terre.

(*Fable CII.*)

FABLE XXI.

L' Â N E

VÉTU

DE LA PEAU DU LION.

FABLE XXI.

L'ÂNE VÊTU DE LA PEAU DU LION.

De là peau du Lion l'Ane s'étant vêtu
    Etoit craint par tout à la ronde:
    Et bien qu'animal fans vertu,
    Il faifoit trembler tout le monde.
Un petit bout d'oreille échappé par malheur,
    Découvrit la fourbe & l'erreur.
    Martin fit alors fon office.
Ceux qui ne fçavoient pas la rufe & la malice,
    S'étonnoient de voir que Martin
    Chaffât les Lions au Moulin.

    Force gens font du bruit en France,
Par qui cet Apologue eft rendu familier.
    Un équipage cavalier
    Fait les trois quarts de leur vaillance.

Fin du cinquiéme Livre.

(*Fable CIII.*)

L'ANE VETU DE LA PEAU DU LION. Fable CIII.

LE PASTRE ET LE LION. Fable CIV.

J.B. Oudry inv.

C. Cochin aqua forti, Beauvais caelo sculpserunt.

FABLES CHOISIES.

LIVRE SIXIÉME.

FABLE I.

Le Pâtre et le Lion.

Les Fables ne font pas ce qu'elles femblent être :
Le plus fimple animal nous y tient lieu de maître.
Une morale nue apporte de l'ennui :
Le conte fait paffer le précepte avec lui.
En ces fortes de feintes il faut inftruire & plaire ;
Et conter pour conter me femble peu d'affaire.
C'eft par cette raifon, qu'égayant leur efprit,
Nombre de gens fameux en ce genre ont écrit.
Tous ont fui l'ornement & le trop d'étendue.
On ne voit point chez eux de parole perdue.
Phédre étoit fi fuccinct qu'aucuns l'en ont blâmé.
Éfope en moins de mots s'eft encore exprimé.
Mais fur tous, certain Grec renchérit & fe pique
        D'une élégance Laconique.
Il renferme toujours fon conte en quatre vers :
Bien ou mal, je le laiffe à juger aux Experts.
Voyons-le avec Éfope en un fujet femblable.
L'un améne un Chaffeur, l'autre un Pâtre en fa Fable.
J'ai fuivi leur projet quant à l'événement,
Y coufant en chemin quelque trait feulement.
Voici comme, à peu près, Éfope le raconte.

Un Pâtre à fes brebis trouvant quelque mécompte,
Voulut à toute force attraper le larron.
Il s'en va près d'un antre, & tend à l'environ

Tome II.   A a

Des lacs à prendre loups, foupçonnant cette engeance.
    Avant que partir de ces lieux,
Si tu fais, difoit-il, ô Monarque des Dieux,
Que le drôle à ces lacs fe prenne en ma préfence,
    Et que je goûte ce plaifir,
    Parmi vingt veaux je veux choifir
    Le plus gras, & t'en faire offrande.
A ces mots fort de l'antre un Lion grand & fort.
Le Pâtre fe tapit, & dit à demi mort:
Que l'homme ne fçait guère, helas! ce qu'il demande!
Pour trouver le larron qui détruit mon troupeau,
Et le voir dans ces lacs pris avant que je parte,
O Monarque des Dieux, je t'ai promis un veau;
Je te promets un bœuf, fi tu fais qu'il s'écarte.

C'eft ainfi que l'a dit le principal Auteur:
    Paffons à fon imitateur.

(Fable CIV.)

FABLE II.

LE LION

ET

LE CHASSEUR.

FABLE II.

Le Lion et le Chasseur.

Un Fanfaron, amateur de la chaſſe,
Venant de perdre un chien de bonne race,
Qu'il ſoupçonnoit dans le corps d'un Lion,
Vit un Berger. Enſeigne-moi, de grace,
De mon voleur, lui dit-il, la maiſon,
Que de ce pas je me faſſe raiſon.
Le Berger dit : c'eſt vers cette montagne.
En lui payant de tribut un mouton
Par chaque mois, j'erre dans la campagne
Comme il me plaît ; & je ſuis en repos.
Dans le moment qu'ils tenoient ces propos,
Le Lion ſort, & vient d'un pas agile.
Le fanfaron auſſitôt d'eſquiver.
O Jupiter, montre-moi quelque aſyle,
S'écria-t-il, qui me puiſſe ſauver.

La vraie épreuve de courage
N'eſt que dans le danger que l'on touche du doigt :
Tel le cherchoit, dit-il, qui, changeant de langage,
S'enfuit auſſi-tôt qu'il le voit.

(*Fable* cv.)

LE LION ET LE CHASSEUR. Fable CV.

J.B. Oudry inv.

Laur. Cars sculp.

PHŒBUS ET BORÉE. Page CVI.

J.B. Oudry inv.

Pitre sculp.

FABLE III.

Phœbus et Borée.

Borée & le Soleil virent un Voyageur,
   Qui s'étoit muni par bonheur
Contre le mauvais temps. On entroit dans l'automne,
Quand la précaution aux Voyageurs eſt bonne :
Il pleut ; le Soleil luit ; & l'écharpe d'Iris
   Rend ceux qui ſortent avertis
Qu'en ces mois le manteau leur eſt fort néceſſaire.
Les Latins les nommoient douteux pour cette affaire.
Notre homme s'étoit donc à la pluie attendu.
Bon manteau bien doublé, bonne étoffe bien forte.
Celui-ci, dit le Vent, prétend avoir pourvû
A tous les accidens ; mais il n'a pas prévû
   Que je ſçaurai ſouffler de ſorte,
Qu'il n'eſt bouton qui tienne : il faudra, ſi je veux,
   Que le manteau s'en aille au diable.
L'ébattement pourroit nous en être agréable :
Vous plaît-il de l'avoir ? Et bien gageons nous deux
   (Dit Phœbus) ſans tant de paroles,
A qui pluſtôt aura dégarni les épaules
   Du Cavalier que nous voyons.
Commencez : je vous laiſſe obſcurcir mes rayons.
Il n'en falut pas plus. Notre ſouffleur à gage
Se gorge de vapeurs, s'enfle comme un balon,
   Fait un vacarme de démon,
Siffle, ſouffle, tempête, & briſe en ſon paſſage
Maint toît qui n'en peut mais, fait périr maint bateau :
   Le tout au ſujet d'un manteau.
Le Cavalier eut ſoin d'empêcher que l'orage
   Ne ſe pût engouffrer dedans.
Cela le préſerva : le Vent perdit ſon temps :

Tome II.   B b

Plus il se tourmentoit, plus l'autre tenoit ferme :
Il eut beau faire agir le colet & les plis.
   Si-tôt qu'il fut au bout du terme
   Qu'à la gageure on avoit mis,
   Le Soleil dissipe la nue,
Récrée, & puis pénétre enfin le Cavalier,
   Sous son balandras fait qu'il sue,
   Le contraint de s'en dépouiller.
Encor n'usa-t-il pas de toute sa puissance.

   Plus fait douceur que violence.

(*Fable CVI.*)

JUPITER ET LE METAYER. Fable CVII.

J.B. Oudry inv.

Pasquier sculp.

FABLE IV.

JUPITER ET LE MÉTAYER.

Jupiter eut jadis une ferme à donner.
Mercure en fit l'annonce ; & gens fe préfenterent,
   Firent des offres, écouterent :
   Ce ne fut pas fans bien tourner.
   L'un alléguoit que l'héritage
Étoit frayant & rude ; & l'autre un autre fi.
   Pendant qu'ils marchandoient ainfi,
Un d'eux le plus hardi, mais non pas le plus fage,
Promit d'en rendre tant, pourvû que Jupiter
   Le laiffât difpofer de l'air,
   Lui donnât faifon à fa guife,
Qu'il eût du chaud, du froid, du beau temps, de la bife,
   Enfin du fec & du mouillé,
   Auffi-tôt qu'il auroit baillé.
Jupiter y confent. Contrat paffé : notre homme
Tranche du Roi des airs, pleut, vente ; & fait en fomme
Un climat pour lui feul : fes plus proches voifins
Ne s'en fentoient non plus que les Amériquains.
Ce fut leur avantage : ils eurent bonne année,
   Pleine moiffon, pleine vinée.
Monfieur le Receveur fut très-mal partagé.
   L'an fuivant, voilà tout changé.
   Il ajufte d'une autre forte
   La température des Cieux.
   Son champ ne s'en trouve pas mieux.
Celui de fes voifins fructifie & rapporte.
Que fait-il ? Il recourt au Monarque des Dieux ;
   Il confeffe fon imprudence.

Jupiter en uſa comme un Maître fort doux.

Concluons que la Providence
Sçait ce qu'il nous faut mieux que nous.

(*Fable CVII.*)

LE COCHET, LE CHAT, ET LE SOURICEAU   Fable CVIII

J.B.Oudry inv.

Chedel sculp.

FABLE V.

LE COCHET, LE CHAT ET LE SOURICEAU.

Un Souriceau tout jeune, & qui n'avoit rien vû,
   Fut prefque pris au dépourvû.
Voici comme il conta l'aventure à fa mere.

J'avois franchi les Monts qui bornent cet État,
   Et trottois comme un jeune Rat
   Qui cherche à fe donner carriére;
Lorfque deux animaux m'ont arrêté les yeux,
   L'un doux, benin & gracieux;
Et l'autre turbulent & plein d'inquiétude.
   Il a la voix perçante & rude;
   Sur la tête un morceau de chair;
Une forte de bras dont il s'éleve en l'air,
   Comme pour prendre fa volée;
   La queue en panache étalée.
Or c'étoit un Cochet dont notre Souriceau
   Fit à fa mere le tableau,
Comme d'un Animal venu de l'Amérique.
Il fe battoit, dit-il, les flancs avec fes bras,
   Faifant tel bruit & tel fracas,
Que moi, qui grace aux Dieux, de courage me pique,
   En ai pris la fuite de peur,
   Le maudiffant de très-bon cœur.
   Sans lui j'aurois fait connoiffance
Avec cet animal qui m'a femblé fi doux.
   Il eft velouté comme nous,
Marqueté, longue queue, une humble contenance,
Un modefte regard, & pourtant l'œil luifant.
   Je le crois fort fympatifant
Avec Meffieurs les Rats: car il a des oreilles

Tome II.   Cc

En figure aux nôtres pareilles.
Je l'allois aborder, quand, d'un fon plein d'éclat,
    L'autre m'a fait prendre la fuite.
Mon fils, dit la Souris, ce doucet eft un Chat,
    Qui, fous fon minois hypocrite,
    Contre toute ta parenté
    D'un malin vouloir eft porté.
    L'autre animal, tout au contraire,
    Bien éloigné de nous mal faire,
Servira quelque jour peut-être à nos repas.
Quant au Chat, c'eft fur nous qu'il fonde fa cuifine.
    Garde-toi, tant que tu vivras,
    De juger des gens fur la mine.

(Fable CVIII.)

FABLE VI.

LE RENARD,

LE SINGE

ET

LES ANIMAUX.

FABLE VI.

Le Renard, le Singe et les Animaux.

Les Animaux, au décès d'un Lion,
En fon vivant, Prince de la contrée,
Pour faire un Roi s'affemblerent, dit-on.
De fon étui la couronne eft tirée.
Dans une chartre un Dragon la gardoit.
Il fe trouva que fur tous effayée,
A pas un d'eux elle ne convenoit.
Plufieurs avoient la tête trop menue,
Aucuns trop groffe, aucuns même cornue.
Le Singe auffi fit l'épreuve en riant;
Et, par plaifir, la thiare effayant,
Il fit autour force grimaceries,
Tours de foupleffe, & mille fingeries,
Paffa dedans ainfi qu'en un cerceau.
Aux Animaux cela fembla fi beau,
Qu'il fut élu: chacun lui fit hommage.
Le Renard feul regretta fon fuffrage,
Sans toutefois montrer fon fentiment.
Quand il eut fait fon petit compliment,
Il dit au Roi: je fçai, Sire, une cache;
Et ne crois pas qu'autre que moi la fçache.
Or tout tréfor, par droit de royauté,
Appartient, Sire, à votre majefté.
Le nouveau Roi bâille après la finance:
Lui-même y court pour n'être pas trompé.
C'étoit un piége: il y fut attrapé.
Lo Renard dit, au nom de l'affiftance,
Prétendrois-tu nous gouverner encor,
Ne fçachant pas te conduire toi-même?
Il fut démis; & l'on tomba d'accord
Qu'à peu de gens convient le diadême.

(*Fable* CIX.)

LE RENARD LE SINGE ET LES ANIMAUX. Fable CIX.

J.B. Oudry inv.

A. Radigues sculp.

FABLE VII.

LE MULET

SE VANTANT

DE SA GÉNÉALOGIE.

FABLE VII.

LE MULET SE VANTANT DE SA GÉNÉALOGIE.

Le Mulet d'un Prélat fe piquoit de nobleffe,
      Et ne parloit inceffamment
      Que de fa mere la Jument,
      Dont il contoit mainte proueffe.
Elle avoit fait ceci, puis avoit été là.
      Son fils prétendoit pour cela,
      Qu'on le dût mettre dans l'hiftoire.
Il eût crû s'abaiffer fervant un Médecin.
Étant devenu vieux, on le mit au moulin.
Son pere l'Ane alors lui revint en mémoire.

      Quand le malheur ne feroit bon
      Qu'à mettre un fot à la raifon,
      Toujours feroit-ce à jufte caufe,
      Qu'on le dit bon à quelque chofe.

(Fable cx.)

LE MULET SE VANTANT DE SA GENEALOGIE . Fable CX.

J.B. Oudry inv.

Riland sculp.

FABLE VIII.

LE VIEILLARD

ET

L'ÂNE.

FABLE VIII.

LE VIEILLARD ET L'ANE.

Un Vieillard fur fon Ane aperçut en paffant
   Un pré plein d'herbe & fleuriffant.
Il y lâche fa bête ; & le Grifon fe rue
   Au travers de l'herbe menue,
   Se veautrant, grattant & frottant,
   Gambadant, chantant & broutant,
   Et faifant mainte place nette.
   L'ennemi vient fur l'entrefaite.
   Fuyons, dit alors le Vieillard.
   Pourquoi? répondit le paillard;
Me fera-t-on porter double bât, double charge?
Non pas, dit le Vieillard, qui prit d'abord le large.
Et que m'importe donc, dit l'Ane, à qui je fois?
   Sauvez-vous, & me laiffez paître.
   Notre ennemi, c'eft notre maître :
   Je vous le dis en bon François.

(*Fable CXI.*)

LE VIELLARD ET L'ANE. Fable CXI.

J.B. Oudry inv.   Teucher sculp.

FABLE IX.

LE CERF

SE VOYANT

DANS L'EAU.

FABLE IX.

LE CERF SE VOYANT DANS L'EAU.

Dans le criſtal d'une fontaine,
Un Cerf ſe mirant autrefois,
Louoit la beauté de ſon bois;
Et ne pouvoit qu'avecque peine
Souffrir ſes jambes de fuſeaux,
Dont il voyoit l'objet ſe perdre dans les eaux.
Quelle proportion de mes pieds à ma tête!
Diſoit-il, en voyant leur ombre avec douleur:
Des taillis les plus hauts, mon front atteint le faîte:
Mes pieds ne me font point d'honneur.
Tout en parlant de la ſorte,
Un Limier le fait partir:
Il tâche à ſe garantir,
Dans les Forêts il s'emporte.
Son bois, dommageable ornement,
L'arrêtant à chaque moment,
Nuit à l'office que lui rendent
Ses pieds, de qui ſes jours dépendent.
Il ſe dédit alors, & maudit les préſens,
Que le Ciel lui fait tous les ans.

Nous faiſons cas du beau, nous mépriſons l'utile;
Et le beau ſouvent nous détruit.
Ce Cerf blâme ſes pieds qui le rendent agile:
Il eſtime un bois qui lui nuit.

(Fable CXII.)

LE CERF SE VOYANT DANS L'EAU. Fable CXII.

J.B. Oudry inv.

J. Pasquier sculp.

LE LIEVRE ET LA TORTUE   Fable CXIII

J.B. Oudry inv.   Chedel sculp.

FABLE X.

LE LIÉVRE ET LA TORTUE.

Rien ne fert de courir: il faut partir à point.
Le Liévre & la Tortue en font un témoignage.

Gageons, dit celle-ci, que vous n'atteindrez point
Si-tôt que moi ce but. Si-tôt? êtes-vous fage?
  Repartit l'animal léger.
  Ma commere, il vous faut purger
  Avec quatre grains d'ellébore.
  Sage ou non, je parie encore.
  Ainſi fut fait, & de tous deux
  On mit près du but les enjeux.
  Sçavoir quoi, ce n'eſt pas l'affaire;
  Ni de quel Juge l'on convint.
Notre Liévre n'avoit que quatre pas à faire,
J'entens de ceux qu'il fait, lorſque prêt d'être atteint,
Il s'éloigne des Chiens, les renvoie aux Calendes,
  Et leur fait arpenter les Landes.
Ayant, dis-je, du temps de reſte pour brouter,
  Pour dormir, & pour écouter
  D'où vient le vent, il laiſſe la Tortue
  Aller ſon train de Sénateur.
  Elle part, elle s'évertue,
  Elle ſe hâte avec lenteur.
Lui cependant méprife une telle victoire,
  Tient la gageure à peu de gloire,
  Croit qu'il y va de ſon honneur
  De partir tard. Il broute, il ſe repoſe,
  Il s'amuſe à toute autre choſe
  Qu'à la gageure. A la fin, quand il vit
Que l'autre touchoit preſque au bout de la carriere,

Il partit comme un trait ; mais les élans qu'il fit
Furent vains : la Tortue arriva la premiére.
Hé bien, lui cria-t-elle, avois-je pas raifon?
Dequoi vous fert votre vîteffe ?
Moi l'emporter! Et que feroit-ce
Si vous portiez une maifon?

(Fable CXIII.)

L'ÂNE ET SES MAÎTRES. Fable CXIV 2.ᵉ planche.

J.B. Oudry inv.

L. Lempereur sculp.

L'ÂNE ET SES MAITRES   Fable CXIV.

FABLE XI.

L'Ane et ses Maitres.

L'Ane d'un Jardinier se plaignoit au Destin
De ce qu'on le faisoit lever devant l'Aurore.
Les Coqs, lui disoit-il, ont beau chanter matin,
    Je suis plus matineux encore.
Et pourquoi? pour porter des herbes au marché.
Belle nécessité d'interrompre mon somme!
    Le sort, de sa plainte touché,
Lui donne un autre Maître; & l'animal de somme
Passe du Jardinier aux mains d'un Corroyeur.
La pesanteur des peaux, & leur mauvaise odeur
Eurent bientôt choqué l'impertinente bête.
J'ai regret, disoit-il, à mon premier Seigneur:
    Encor, quand il tournoit la tête,
    J'attrapois, s'il m'en souvient bien,
Quelque morceau de chou qui ne me coûtoit rien:
Mais ici point d'aubaine, ou si j'en ai quelqu'une,
C'est de coups. Il obtint changement de fortune;
    Et sur l'état d'un Charbonnier
    Il fut couché tout le dernier.
Autre plainte. Quoi donc, dit le Sort en colere,
    Ce Baudet-ci m'occupe autant
    Que cent Monarques pourroient faire.
Croit-il être le seul qui ne soit pas content?
    N'ai-je en l'esprit que son affaire?

Le Sort avoit raison: tous gens sont ainsi faits:
Notre condition jamais ne nous contente:
    La pire est toujours la présente.

Tome II.   F f

Nous fatiguons le Ciel à force de placets.
Qu'à chacun Jupiter accorde ſa requête,
    Nous lui romprons encor la tête.

(Fable CXIV.)

FABLE XII.

LE SOLEIL

ET

LES GRENOUILLES.

FABLE XII.

LE SOLEIL ET LES GRENOUILLES.

Aux nôces d'un Tyran tout le peuple en lieſſe
        Noyoit ſon ſouci dans les pots.
Éſope ſeul trouvoit que les gens étoient ſots
        De témoigner tant d'allegreſſe.
Le Soleil, diſoit-il, eut deſſein autrefois
        De ſonger à l'Hyménée.
Auſſi-tôt on oüit, d'une commune voix,
        Se plaindre de leur deſtinée
        Les Citoyennes des étangs.
        Que ferons-nous s'il lui vient des enfans?
Dirent-elles au Sort, un ſeul Soleil à peine
        Se peut ſouffrir: une demi-douzaine
Mettra la mer à ſec & tous ſes habitans.
Adieu joncs & marais: notre race eſt détruite:
        Bientôt on la verra réduite
        A l'eau du Styx. Pour un pauvre animal,
Grenouilles, à mon ſens, ne raiſonnoient pas mal.

(Fable CXV.)

LE SOLEIL ET LES GRENOUILLES, Fable CXV.

J.B. Oudry inv.

Chedel sculp.

FABLE XIII.

LE VILLAGEOIS

ET

LE SERPENT.

FABLE XIII.

LE VILLAGEOIS ET LE SERPENT.

Éfope conte qu'un Manant
Charitable autant que peu fage,
Un jour d'hyver fe promenant
A l'entour de fon héritage,
Aperçut un Serpent fur la neige étendu,
Tranfi, gelé, perclus, immobile rendu,
　　N'ayant pas à vivre un quart d'heure.
Le Villageois le prend, l'emporte en fa demeure;
Et fans confidérer quel fera le loyer
　　D'une action de ce mérite,
　　Il l'étend le long du foyer,
　　Le réchauffe, le reffufcite.
L'animal engourdi fent à peine le chaud,
Que l'ame lui revient avecque la colere.
Il léve un peu la tête, & puis fiffle auffi-tôt,
Puis fait un long repli, puis tâche à faire un faut
Contre fon bienfaiteur, fon fauveur & fon pere.
Ingrat, dit le Manant, voilà donc mon falaire?
Tu mourras. A ces mots, plein d'un jufte courroux,
Il vous prend fa cognée, il vous tranche la bête,
　　Il fait trois Serpens de deux coups,
　　Un tronçon, la queue, & la tête.
L'Infecte, fautillant, cherche à fe réunir,
　　Mais il ne put y parvenir.

　　Il eft bon d'être charitable:
　　Mais envers qui, c'eft là le point.
　　Quant aux ingrats, il n'en eft point
　　Qui ne meure enfin miférable.

　　　　　　　　(*Fable* CXVI.)

LE VILLAGEOIS ET LE SERPENT. Fabl. CXVI.

J.B. Oudry inv.   Louis Lempereur Sculp

FABLE XIV.

LE LION MALADE

ET

LE RENARD.

FABLE XIV.

LE LION MALADE, ET LE RENARD.

De par le Roi des animaux,
Qui dans son antre étoit malade,
Fut fait sçavoir à ses vassaux
Que chaque espece, en ambassade,
Envoyât gens le visiter,
Sous promesse de bien traiter
Les Députes, eux & leur suite;
Foi de Lion très-bien écrite:
Bon passe-port contre la dent,
Contre la griffe tout autant.
L'édit du Prince s'exécute:
De chaque espece on lui députe.
Les Renards gardans la maison,
Un d'eux en dit cette raison.
Les pas empreints sur la poussiére,
Par ceux qui s'en vont faire au malade leur cour,
Tous, sans exception, regardent sa taniére;
Pas un ne marque de retour.
Cela nous met en méfiance.
Que sa Majesté nous dispense.
Grand-merci de son passe-port.
Je le crois bon: mais dans cet antre
Je vois fort bien comme l'on entre,
Et ne vois pas comme on en sort.

(*Fable CXVII.*)

LE LION MALADE ET LE RENARD. Fable CXVII.

J. B. Oudry inv.

FABLE XV.

L'OISELEUR,

L'AUTOUR

ET L'ALOUETTE.

FABLE XV.

L'Oiseleur, l'Autour et l'Alouette.

Les injuſtices des pervers
Servent ſouvent d'excuſe aux nôtres.
Telle eſt la loi de l'Univers:
Si tu veux qu'on t'épargne, épargne auſſi les autres.

Un Manant au miroir prenoit des Oiſillons:
Le fantôme brillant attire une Alouette.
Auſſi-tôt un Autour planant ſur les ſillons,
        Deſcend des airs, fond & ſe jette
Sur celle qui chantoit, quoique près du tombeau.
Elle avoit évité la perfide machine,
Lorſque ſe rencontrant ſous la main de l'Oiſeau,
        Elle ſent ſon ongle maligne.
Pendant qu'à la plumer l'Autour eſt occupé,
Lui-même ſous les rêts demeure enveloppé.
Oiſeleur, laiſſe-moi, dit-il en ſon langage:
        Je ne t'ai jamais fait de mal.
L'Oiſeleur repartit: ce petit animal
        T'en avoit-il fait davantage?

(Fable *CXVIII.*)

L'OISELEUR, L'AUTOUR ET L'ALOUETTE. Fable CXVIII.

J.B. Oudry inv.

J. Ouvrier sculp.

FABLE XVI.

LE CHEVAL

ET

L' Â N E.

FABLE XVI.

LE CHEVAL ET L'ANE.

En ce monde il fe faut l'un l'autre fecourir.
　　Si ton voifin vient à mourir,
　　C'eft fur toi que le fardeau tombe.

Un Ane accompagnoit un Cheval peu courtois,
Celui-ci ne portant que fon fimple harnois,
Et le pauvre Baudet fi chargé qu'il fuccombe.
Il pria le Cheval de l'aider quelque peu :
Autrement il mourroit devant qu'être à la ville.
La priere, dit-il, n'en eft pas incivile :
Moitié de ce fardeau ne vous fera que jeu.
Le Cheval refufa, fit une pétarade,
Tant qu'il vit fous le faix mourir fon camarade,
　　Et reconnut qu'il avoit tort.
　　Du Baudet en cette aventure,
　　On lui fit porter la voiture,
　　Et la peau par deffus encor.

(Fable CXIX.)

LE CHEVAL ET L'ANE. Fable CXLX.

FABLE XVII.

LE CHIEN

QUI LÂCHE SA PROIE

POUR L'OMBRE.

FABLE XVII.

LE CHIEN QUI LACHE SA PROIE POUR L'OMBRE.

Chacun fe trompe ici bas:
On voit courir après l'ombre
Tant de fous, qu'on n'en fçait pas,
La plûpart du temps, le nombre.
Au Chien dont parle Éfope, il faut les renvoyer.
Ce Chien voyant fa proie en l'eau repréfentée,
La quitta pour l'image, & penfa fe noyer:
La riviere devint tout d'un coup agitée,
A toute peine il regagna les bords;
Et n'eut ni l'ombre, ni le corps.

(*Fable* cxx.)

LE CHIEN QUI LÂCHE SA PROYE POUR L'OMBRE. Fable CXX.

J.B. Oudry inv.   J. Ouvrier sculp.

LE CHARTIER EMBOURBÉ. Fable CXXI

FABLE XVIII.

Le Chartier embourbé.

Le Phaëton d'une voiture à foin
Vit son char embourbé. Le pauvre homme étoit loin
De tout humain secours. C'étoit à la campagne,
Près d'un certain canton de la basse Bretagne,
  Appellé Quimper-corentin.
  On sçait assez que le destin
Adresse là les gens, quand il veut qu'on enrage:
  Dieu nous préserve du voyage.

Pour venir au Chartier embourbé dans ces lieux,
Le voilà qui déteste & jure de son mieux,
  Pestant en sa fureur extrême,
Tantôt contre les trous, puis contre ses chevaux,
  Contre son char, contre lui-même.
Il invoque à la fin le Dieu, dont les travaux
  Sont si célébres dans le monde.
Hercule, lui dit-il, aide-moi : si ton dos
  A porté la machine ronde,
  Ton bras peut me tirer d'ici.
Sa priére étant faite, il entend dans la nue
  Une voix qui lui parle ainsi :
  Hercule veut qu'on se remue,
Puis il aide les gens. Regarde d'où provient
  L'achopement qui te retient :
  Ote d'autour de chaque roue
Ce malheureux mortier, cette maudite boue,
  Qui jusqu'à l'essieu les enduit.
Prends ton pic & me romps ce caillou qui te nuit.
Comble-moi cette orniére. As-tu fait? Oui, dit l'homme.
Or bien je vais t'aider, dit la voix: prends ton fouet.

Je l'ai pris. Qu'eſt-ceci? mon char marche à ſouhait!
Hercule en ſoit loué. Lors la voix: tu vois comme
Tes chevaux aiſément ſe ſont tirés de là.

   Aide-toi, le Ciel t'aidera.

(*Fable CXXI.*)

LE CHARLATAN. Fab. CXXII.

FABLE XIX.

LE CHARLATAN.

Le monde n'a jamais manqué de Charlatans.
  Cette fcience, de tout temps,
  Fut en Profeffeurs très-fertile.
Tantôt l'un en théâtre affronte l'Acheron ;
  Et l'autre affiche par la ville
  Qu'il eft un Paffe-Ciceron.
  Un des derniers fe vantoit d'être,
  En éloquence, fi grand maître,
  Qu'il rendroit difert un badaud,
  Un manant, un ruftre, un lourdaud.
Oui, Meffieurs, un lourdaut, un animal, un âne :
Que l'on m'amene un âne, un âne renforcé,
  Je le rendrai maître paffé ;
  Et veux qu'il porte la foutane.
Le Prince fçut la chofe : il manda le Rhéteur.
  J'ai, dit-il, en mon écurie,
  Un fort beau rouffin d'Arcadie,
  J'en voudrois faire un Orateur.
Sire, vous pouvez tout, reprit d'abord notre homme.
  On lui donna certaine fomme.
  Il devoit, au bout de dix ans,
  Mettre fon âne fur les bancs :
Sinon, il confentoit d'être, en place publique,
Guindé la hart au col, étranglé court & net,
  Ayant au dos fa Rhétorique,
  Et les oreilles d'un baudet.
Quelqu'un des Courtifans lui dit qu'à la potence
Il vouloit l'aller voir ; & que, pour un pendu,
Il auroit bonne grace & beaucoup de preftance :
Sur tout qu'il fe fouvînt de faire à l'affiftance

Tome II.   K k

Un difcours où fon art fût au long étendu;
Un difcours pathétique, & dont le formulaire
   Servît à certains Cicérons
   Vulgairement nommés larrons.
   L'autre reprit : Avant l'affaire,
   Le Roi, l'âne, ou moi, nous mourrons.

   Il avoit raifon. C'eft folie
   De compter fur dix ans de vie.
   Soyons bien buvans, bien mangeans,
Nous devons à la mort de trois l'un en dix ans.

(Falle cxvii.)

FABLE XX.

LA DISCORDE.

FABLE XX.

LA DISCORDE.

La Déeſſe Diſcorde ayant brouillé les Dieux,
Et fait un grand procès là-haut pour une pomme,
  On la fit déloger des Cieux.
  Chez l'animal qu'on appelle homme,
  On la reçut à bras ouverts,
  Elle, & Que-ſi-que-non, ſon frere,
  Avecque Tien-&-mien, ſon pere.
Elle nous fit l'honneur, en ce bas Univers,
  De préférer notre Hémiſphere,
A celui des mortels qui nous ſont oppoſés,
  Gens groſſiers, peu civiliſés,
Et qui, ſe mariant ſans Prêtre & ſans Notaire,
  De la Diſcorde n'ont que faire.
Pour la faire trouver aux lieux où le beſoin
  Demandoit qu'elle fût préſente,
  La Renommée avoit le ſoin
 De l'avertir; & l'autre diligente,
Couroit vîte aux débats, & prévenoit la paix;
Faiſoit, d'une éteincelle, un feu long à s'éteindre.
La Renommée enfin commença de ſe plaindre,
  Que l'on ne lui trouvoit jamais
  De demeure fixe & certaine.
Bien ſouvent l'on perdoit, à la chercher, ſa peine.
Il falloit donc qu'elle eût un ſejour affecté,
Un ſéjour d'où l'on pût, en toutes les familles,
  L'envoyer à jour arrêté.
Comme il n'étoit alors aucun Couvent de Filles,
  On y trouva difficulté.
  L'Auberge enfin de l'Hymenée
  Lui fut pour maiſon aſſignée.

         (*Fable* CXXIII.)

LA DISCORDE. Fable CXXIII.

LA JEUNE VEUVE. Fable CXXIV

FABLE XXI.

LA JEUNE VEUVE.

La perte d'un Époux ne va point fans foupirs:
On fait beaucoup de bruit, & puis on fe confole.
Sur les aîles du temps la trifteffe s'envole;
  Le temps ramene les plaifirs.
  Entre la Veuve d'une année,
  Et la Veuve d'une journée,
La différence eft grande. On ne croiroit jamais
  Que ce fût la même perfonne.
L'une fait fuir les gens, & l'autre a mille attraits:
Aux foupirs vrais ou faux celle-là s'abandonne;
C'eft toujours même note, & pareil entretien:
  On dit qu'on eft inconfolable;
  On le dit, mais il n'en eft rien,
  Comme on verra par cette Fable,
  Ou pluftôt par la vérité.

  L'Époux d'une jeune Beauté
Partoit pour l'autre monde. A fes côtés fa femme
Lui crioit: attens-moi, je te fuis: & mon ame,
Auffi-bien que la tienne, eft prête à s'envoler.
  Le mari fait feul le voyage.
La Belle avoit un pere, homme prudent & fage:
  Il laiffa le torrent couler.
  A la fin, pour la confoler,
Ma fille, lui dit-il, c'eft trop verfer de larmes:
Qu'a befoin le défunt que vous noyiez vos charmes?
Puifqu'il eft des vivans, ne fongez plus aux morts.
  Je ne dis pas que tout à l'heure
  Une condition meilleure,
  Change en des nôces ces tranfports:

Mais après certain temps, fouffrez qu'on vous propofe
Un Époux beau, bien fait, jeune, & tout autre chofe
       Que le défunt. Ah! dit-elle auffi-tôt,
         Un cloître eft l'Époux qu'il me faut.
Le pere lui laiffa digérer fa difgrace.
       Un mois de la forte fe paffe.
L'autre mois, on l'emploie à changer tous les jours
Quelque chofe à l'habit, au linge, à la coëffure:
       Le deuil enfin fert de parure,
       En attendant d'autres atours.
       Toute la bande des Amours
Revient au colombier: les jeux, les ris, la danfe,
       Ont auffi leur tour à la fin.
       On fe plonge foir & matin
       Dans la fontaine de Jouvence.
Le pere ne craint plus ce défunt tant chéri:
Mais comme il ne parloit de rien à notre Belle;
       Où donc eft le jeune mari
       Que vous m'avez promis? dit-elle.

(Fable CXXIV.)

ÉPILOGUE.

Bornons ici cette carriere :
Les longs ouvrages me font peur.
Loin d'épuifer une matiere,
On n'en doit prendre que la fleur.
Il s'en va temps que je reprenne
Un peu de forces & d'haleine,
Pour fournir à d'autres projets.
Amour, ce tyran de ma vie,
Veut que je change de fujets :
Il faut contenter fon envie :
Retournons à Pfyché. Damon, vous m'exhortez
A peindre fes malheurs & fes félicités.
J'y confens : peut-être ma veine
En fa faveur s'échauffera.
Heureux ! fi ce travail eft la derniere peine,
Que fon Époux me caufera !

Fin du fixiéme Livre & du fecond Volume.

www.ingramcontent.com/pod-product-compliance
Lightning Source LLC
Chambersburg PA
CBHW070625100426
42744CB00006B/601